#AI #북한 #핵국가 #인정

북한대학원대학교 학생들의 사유실험

#AI #북한 #핵국가 #인정

북한대학원대학교 학생들의 사유실험

초판 1쇄 인쇄 2025년 9월 26일
초판 1쇄 발행 2025년 10월 13일

엮은이 | 구갑우 · 조아라 · 배은혜
지은이 | 강승태 · 곽희양 · 김보라 · 김영욱 · 김영필 · 김해인 · 노지원 · 박훈 · 배은혜 · 백기철 · 유도일 · 이규정 · 이욱재 · 이중호 · 전준석 · 조민지 · 조아라 · 짐발 에다(Eda Cimbat) · 최동석 · 홍진석 · 황순식
펴낸이 | 윤관백
펴낸곳 | 선인
등 록 | 제5-77호(1998.11.4)
주 소 | 서울시 양천구 남부순환로 48길 1(신월동 163-1) 1층
전 화 | 02)718-6252/6257
팩 스 | 02)718-6253
이메일 | suninbook@naver.com

정가 10,000원
ISBN 979-11-6068-757-6 03340

#AI #북한 #핵국가 #인정

북한대학원대학교 학생들의 사유실험

구갑우 · 조아라 · 배은혜 엮음

차례

서문 6

1. 인정의 가능성에 관한 주장

미국의 AI 기반 이란 공습과
북한 핵무기의 전략적 가치 재고찰_**강승태** 13

호명을 통한 상호인정의 줄다리기,
호명하는 자가 바뀐다면?_**곽희양** 20

구성주의적 관점에서 AI 시대 북한을
핵국가로 부분인정한다는 것의 의미_**김보라** 27

북한 핵무력을 둘러싼 남북 및
국제 관계 역학 구도에 관한 소고_**김영필** 35

오른손엔 핵을, 왼손엔 AI 군사기술을 쥔
북한이라면?_**배은혜** 40

AI 시대의 국제질서, 인정받지 못하는 북한_**이욱재** 49

Bartelson, Ringmar, Zarakol의 이론을 통해 본
북한의 핵보유국 지위 인정 문제_**조아라** 55

AI 시대의 북한 핵 지위_**짐밭 에다(Eda Cimbat)** 67

AI 시대 북한 핵 인정,
미국이 바뀌나, 북한이 바뀌나?_**최동석** 75

2. 인정의 당위에 관한 주장

북한 핵 불인정, 전략적 안정성을 흔들다_**노지원** 89

AI 시대적 북한의 핵국가 인정 의미_**박훈** 97

AI 시대의 도래와 북핵 대응 패러다임의 전환_**백기철** 105

북한이 AI 기반 핵 지휘 통제체계와
극초음속 활강체를 완성한다면?_**이규정** 116

CHIP, 核을 만나다_**이중호** 122

AI 시대, 북한 '핵보유국 인정'과 국제질서 재구성_**전준석** 139

3. 인정의 의미에 대한 설명, 또는 조건부 주장

AI 시대에도 북한은
핵보유국으로 인정받으려 할 것이다_**김영욱** 161

AI 시대의 북한 핵 문제_**김해인** 167

구성된 핵국가_**유도일** 173

AI 기술의 사실상 핵보유국 지위에의 영향_**조민지** 185

헤겔의 인정 개념과 북한의 인정 투쟁_**홍진석** 191

AI 시대의 북핵문제 다시보기_**황순식** 198

서문

#1

2025년 1학기 '국제관계이론 세미나' 수업. 여느 때처럼, 쪽대본 강의계획서. 나쁜 버릇은 쉽게 고쳐지지 않는다. 수강생들의 예습 봉쇄. 그저 미안할 따름이다. 그나마 다행인 것은, 미리 선택한 작품이 하나 있었던 것. 박건영 선생님이 2024년 9월에 출간한 『처음 만나는 국제정치학』이다. 사실 처음 만나기에는 버거운 책이다. 제목과 달리 내용에는 국제정치학에 처음 진입하는 학도에 대한 배려는 없다. 몇 차례 수업에서 사용했던 수입된 국제관계이론 서적보다, 한국 연구자가 쓴 책임에도, 함께 읽기의 불편을 예감케 했다. 무자비할 정도로, "'한국적 정체성'을 갖춘 '보편적 국제정치학'"을 강제하고 있었다. '한국적'과 '보편적'의 예정된 충돌. 대립물의 통일과 투쟁으로 정의되는 모순에 부합하는 걸작이다.

다음은? 강대국 정치 속에서 "규범-개척자적 역할"을 모색하는 '함께 독서'의 과정에서, '한반도 문제'를 관통하는 열쇠 말인 '인정'(recognition)과 우리 시대의 최대 화두인 '인공지능'(artificial intelligence, AI)의 국제관계이론과의 접목이 떠올랐다. 쌍방향 소통으로 위장된 강압정책이었음은 물론이다. 독일 철학자 헤겔을 해석한 코제브의 주인과 노예의 변증법의 다양한 변주들을, 그래도 위안인 것은 탈식민주의 혁명가 파농을 포함하여, 읽기. 반도체 전쟁과 생성형 AI에 관한 몇몇 글의 주마간산 식 속독. 수업의 끝에 내야 하는 숙제는 거창했다. 도피성 단일 질문, "AI 시대에 북한(조선)을 핵국가로 (안/못/부분) 인정한다는 것의 의미는?" 같은 공간에 잠시 머물렀던 '우리'(we)의 생각들의 균열을 보고 싶었다.

#2

이번 과제에 들어있는 'AI 시대', '북한', '핵국가', '인정'이라는 키워드는, 하나하나가 한 학기 내내 다루어도 모자랄 정도로 거대한 테마다. 게다가 "인정의 의미는?"으로 질문이 끝났고 '인정 문제를 누구의 관점에서 논할 것인가'에 대해서도 각자의 판단에 맡겨졌기 때문에, 처음부터 '열려있던' 질문이 더 활짝 열린 셈이었다. 과제물을 AI로 작성하는 방식까지 허용되었다. 그렇게 종강 후 제출된 글들을 읽으며 수강생들의 다양한 관점과 상상력을 확인하는 재미는 있었으나, 단행본 출간을 위해 과제물을 분류하려다 보니 고민이 시작되었다. 과제가 제시될 당시의 예상과는 달리, '인정, 부분인정, 안 인정, 못 인정' 중 어느 하나로 분류되기 어려운 글들이 적지 않았던 것이다.

결국 '타자의 인정 여부에 관해 명확한 주장을 제시했는가'라는 기준에 따라, 인정의 가능성에 관한 주장(인정할 것, 부분인정할 것, 인정하지 않을 것), 그리고 인정의 당위에 관한 주장(이 범주에 속하는 글들은 모두 부분인정해야 한다는 취지였고, 인정해야 한다 또는 인정하지 말아야 한다는 주장을 담은 글은 없었다)으로 일단 나누기로 했다. 두 가지 범주 중 어느 쪽에도 속하지 않는 글들은 '인정의 의미에 대한 설명, 또는 조건부 주장'이라는 별도의 장에 수록했다. 이렇게 나눈 결과가 글쓴이 본인들의 의도에 정확히 부합하는지 자신할 수는 없지만, 무엇이든 기준은 필요하다는 판단하에 다소 무리하게 분류해 보았다. 21명의 필자, 그리고 독자의 양해를 구한다.

#3

전문대학원으로 분류되는 우리 학교를 한 단어로 표현한다면 '다양성'이라 할 수 있다. '전문'이라는 수식어처럼 학생들의 절대다수는 일과 학업, 종종 육아까지 병행하는 직장인들이다. 그리고 이 중 상당수는 은퇴를 앞둔 교수만큼이나 자신의 분야에서 이미 어느 정도의 경지에 오른 전문가들이기도 하다. 나이도 경력도 이념도, 어떤 경향성을 발견하기 어려울 만큼 다양한 학생들이 만들어 내는 수업시간은 그래서 늘 새롭고 짜릿하다. '북한대학원대학교'라고 이야기하면 '북한에 있는 대학이냐'라는 짓궂은 농담이 되

돌아오기 일쑤라, 학생들은 '북대'라는 작은 울타리 속에서 서로 다르지만 '북대인'이라는 이름으로 묘하게 하나가 된다.

21명의 기말과제를 모아 엮은 이 책 속에 '북대다움'이 고스란히 담겨있음을 독자들도 단박에 느낄 수 있을 것이다. 책 출간에 대해 전하자 수강생들은 "말도 안 된다"부터 "놀라울 것 없다"까지 다양한 반응을 보였다. 사실 살아있는 나무를 희생시킬 만큼의 값어치가 이 책에 있는지, 교정을 보고 서문을 쓰는 지금도 여전히 의문이다. 판형을 작게 하고 글자 크기를 줄여 장수를 최소화하고자 한 것도 그런 죄책감을 조금이나마 덜어내고 싶었기 때문이다. 이 작은 책이 그야말로 애증의 상대인 북한을 바로 보고 이해하는 데 조금이라도 기여할 수 있기를 간절히 바란다.

끝으로 이 책의 취지에 공감해 주시고 흔쾌히 출간을 허락해 주신 도서출판 선인의 윤관백 대표님과 박애리 실장님, 그리고 편집과 디자인을 맡아 여러모로 배려해 주신 김나희 선생님께 깊은 감사를 드린다.

2025년 8월 삼청동에서
소박하게 한반도의 미래를 묻습니다.

구갑우 · 조아라 · 배은혜

1

인정의 가능성에 관한 주장

미국의 AI 기반 이란 공습과 북한 핵무기의 전략적 가치 재고찰

강승태 (SK주식회사)

1. 서론

2025년 6월 21월 일요일 아침, 미국이 이란의 핵심 핵 시설인 포르도에 공습을 감행했다. 이란은 2000년대 초반부터 핵 프로그램과 관련된 국제사회의 의심을 받기 시작했고, 이후 수차례의 협상과 합의, 위반, 제재, 군사적 긴장 상황을 거쳐왔다. 이스라엘-하마스 전쟁으로 촉발된 중동 지역의 군사적 긴장은 이스라엘-이란 전쟁으로 확전되는 분위기다. 이스라엘과 미국이 이란을 공격하는 대외적 명분은 이란이 오랫동안 진행해 온 핵프로그램에 대한 저지이다. 이란은 2000년대 초반부터 핵보유 인정 투쟁을 벌여 왔고, Nuclear Order의 리더인 미국은 최근 군사 행동으로 그 대답을 하였다. 미국이 군사 행동을 할 수 있었던 이유는 압도적인 군사력과 함께 최근 급속히 발전하고 있는 군사무기에 결합된 AI 기술이다. 미국의 고립주의를 지지하는 트럼프의 핵심 지지층은 미국이 중동 전쟁에 엮이는 것을 끔찍이 싫어한다. 아이러니하게도 그들의 지지로 대통령이 되었고 전쟁 혐오주의자인 트럼프 대통령이 이란에 대한 공습을 감행할 수 있었던 이유는 이란과의 전면전이 아닌 이란 핵시설 제거라는 제한적인 전쟁 수행이 가능하다는 확신 때문이었다.[1] 이러한 확신을 가능케 한 AI 기술은 이란과 비슷한 지위에 놓여 있는 북한의 핵국가 인정 투쟁에 어떤 영향을 미칠 것인지 살펴볼 필요가 있다.

2. 미국의 이란 핵시설 폭격과 AI

2025년 6월 21일(현지시각), 미국은 이란의 주요 지하 핵시설인 포르도, 나탄즈, 이스파한 등 세 곳을 정밀 폭격했다. '미드나이트 해머'(Midnight Hammer, 한밤중의 망치)라고 명명된 이번 작전에서 B-2 스텔스 폭격기와 초대형 벙커버

1 2025년 6월 22일 미국 엔비시(NBC) 뉴스의 '미트 더 프레스'와의 인터뷰에서, 밴스 부통령은 '도널드 트럼프 미국 대통령이 이란의 핵시설 세 곳에 폭탄을 투하했다고 발표했는데, 미국은 지금 이란과 전쟁 상태에 있느냐'는 진행자의 질문을 받았다. 이에 밴스 부통령은 '우리는 이란이 아니라, 이란의 핵 프로그램과 전쟁 중'이라고 답했다. "미국 부통령 "미, 이란 아닌 이란 핵 프로그램과 전쟁 중," 『한겨레』, 2025.6.22. https://www.hani.co.kr/arti/international/america/1204092.html

스터(GBU-57) 폭탄, 토마호크 미사일 등이 동원됐으며, 특히 GBU-57 벙커버스터가 집중 투하된 포르도는 지하 80~90미터 깊이에 위치하며 산과 암반으로 둘러싸여 있어 이란의 '보험'으로 여겨지던 곳이었다. 위성사진에는 포르도 시설 지상에 지름 5.5m 크기의 구멍 6개가 선명하게 확인되었다. 이 작전 수행을 위해 폭격기들은 약 18시간 비행했고, 모든 목표를 25분 안에 타격한 뒤 이란을 벗어나 귀환을 시작했다. 조종사가 2명씩 탑승한 7대로 구성된 B-2 스피릿 폭격기 편대의 활동은 항공편 추적 웹사이트에 표시되지 않았고, 타격 시점 또한 정확히 파악할 수 없었다.[2] 케인 장군이 표현한 "복잡한 타임라인을 정교하게 맞춘 작전"을 수행하는 동안 이란 전투기들은 이륙하지 않았고 방공망이 작동한 흔적도 없었다. 미국은 이번 작전을 통해 "다중 목표물을 대상으로 조율된 기습 공격"을 수행할 수 있었다. 페티존 박사가 표현한 바와 같이 "전 세계 어느 나라도 수행할 수 없는 매우 정교하고 복잡한 공격"을 성공시킬수 있었던 배경에는 미국이 차세대 군사력의 핵심으로 간주하는 AI 기술이 있었다. 미국의 이란 포르도 핵시설 폭격 성공은 군사력이나 무기 성능 때문만이 아니라, AI 기

2 "미국이 밝힌 이란 핵시설 공습 작전의 실행 개요," 『BBC News 코리아』, 2025.6.23. https://www.bbc.com/korean/articles/crk6057e341o

술이 정보수집 → 분석 → 계획 → 실행 → 평가까지 전 단계를 통합적으로 지휘·지원할 수 있게 된 군사력의 진화를 통해서 가능했던 사례이다. 포르도는 지하 80~90m에 위치한 고난도 목표이기 때문에, GBU-57 벙커버스터의 정확한 탄착 지점 설정이 필요했다. AI는 고해상도 위성영상과 신호정보, 전파정보 등을 통합 분석하여 지하 목표물의 위치·심도·보호 구조를 정밀하게 파악하고, 탄착 지점 설정의 정밀도를 높이는 데 결정적 기여를 하였다. GBU-57은 미국에만 있는 무기로서 한 번의 투하 실패 시 재공격이 어렵기 때문에, 수많은 변수(적 방공망, 기상, 시간, 항공자산 위험 등)를 고려한 후 경로·투하 시점·회피 루트를 실시간으로 연산할 필요가 있었다. AI는 이러한 복합 조건 하에서 최적의 임무 계획(Mission Planning)을 자동으로 제시하였다. AI는 이란 방공망의 레이더 회피 가능성, 작전 시간대, 전자교란 빈도 등을 시뮬레이션하여 가장 노출 가능성이 낮은 쪽으로 B-2 스텔스 폭격기의 항로를 설계하였다. 전자전 장비와의 연동으로 적 레이더 탐지 빈도에 따라 실시간으로 항로를 재조정하거나 전파 방해 수단을 가동하는 등의 결정도 AI를 통해 자동화했을 가능성도 점쳐지고 있다.

3. 북한 핵국가 인정투쟁 전망

핵확산금지조약(NPT) 제9조 제3항은 "1967년 1월 1일 이전에 핵무기를 보유하고 실험한 국가만을 핵무기 보유국으로 인정"하고 있다. NPT 체제에서 공식 핵보유국의 지위를 갖는 5개국(미국, 러시아, 영국, 프랑스, 중국)을 제외하고, 핵무기 보유를 인정받지 못했지만 실질적으로 핵무기를 보유하거나 실험한 국가로는 인도, 파키스탄, 이스라엘이 있다. 이밖에 핵무기를 개발할 기술력은 있으나, 실제로는 보유하지 않은 "잠재적 핵무장국"이 있으나 북한은 그 어디에도 속하지 않으면서 실질적 핵무기를 보유한 국가이다. 최근 미국을 비롯한 강대국들은 군사용 AI 통합에 우선순위를 두고 있으며, 미국의 이란 핵시설 공습은 핵프로그램에 대한 초정밀 타격 능력의 현실화를 증명하였다. 이란 핵시설 공습에서 보듯이 AI가 접목된 정밀 타격 능력은 기존의 방어 개념을 흔들 수 있으며, 이것은 AI 시대에 북한의 핵보유 '인정' 양상에 중요한 시사점을 던진다. 앞서 발발한 우-러 전쟁에서는 러시아의 일방적 승리가 예상되었으나, AI 기술은 '다윗(우크라이나)과 골리앗(러시아)의 싸움에서 다윗의 돌팔매 역할[3]'을 해주고 있는 것이다. AI 기반

3 "우크라이나전에 투입된 '신의 한 수'…게임체인저 된 'AI 사령관'," 『한

군사 기술은 북한 핵시설의 물리적 취약성을 높이고, 전통적인 핵억지력의 의미를 변화시킬수 있다. AI가 지휘·통제, 표적 설정, 자율 시스템 등에 통합될수록, 이란의 포르도처럼 북한이 깊이 매설한 시설도 벙커버스터와 AI 기반 정밀 유도 시스템에 취약해질 수 있기 때문에 이러한 핵무기 시설에 대한 생존성 위협은 핵억지력 효과를 감소시킬 수 있다. 강대국의 AI 기반 군사력의 비대칭적 우위가 점차 강화될수록 북한의 핵무기는 더이상 효과적인 협상 수단이 아닌 '해결해야 할 문제'로 간주될 가능성이 크다. 또한, 군사 AI 기술의 발전으로 핵무기 시설에 대한 정확한 식별과 이에 대한 물리적인 제거 및 방어 수단이 확보된다면 핵무기 자체가 가지는 전략적 가치는 급격히 낮아질 수도 있다. 핵무기의 전력적 가치를 군사 AI가 대체하는 상황이 올 수도 있는 것이다. 군사 AI는 핵무기와 달리 국가 경제력과 반도체와 같은 글로벌 공급망 의존성이 높기에 북한이 확보할 가능성은 매우 낮다. 최근 미국이 글로벌 공급망에서 중국을 고립시킴으로써 중국 또한 고전을 면치 못하고 있다. 결과적으로 AI 시대를 맞이하여 북한이 현재의 핵무기만으로 체제를 유지하고 강대국으로서의 인정을 받기는 점점

국경제』, 2024.6.19. https://www.hankyung.com/article/202406158088i

더 어려워보인다.

호명을 통한 상호인정의 줄다리기, 호명하는 자가 바뀐다면?

인공지능(AI) 시대 북한을
핵국가로 인정한다는 것의 의미

곽희양 (경향신문)

1. 호명 물밑 싸움
: '곧이곧대로 답할 것 같으냐' VS '아무나 불러줄 것 같으냐'

야훼가 "아브라함아"라고 불렀다. 아브라함이 "네, 여기 있나이다" 답했다. 이어 아들을 죽이라는 야훼의 명령이 떨어졌다. 이름 불러줌을 통해 인정받는 것은, 이름을 불러주는 자의 질서 안에 들어간다는 것을 뜻한다. 아브라함은 이로써 '믿음의 조상'이라는 자신의 의미를 획득했다.

김춘수의 시 '꽃'도 마찬가지다. "내가 그의 이름을 불러주었을 때 / 그는 나에게로 와서 / 꽃이 되었다(중략) / 너는 나에게 나는 너에게 / 잊혀지지 않는 하나의 눈짓이 되고 싶다." 이름 부름을 통해 서로의 질서를 수용하고, 이를 통해 의미를 획득하게 된다.

그러나 모든 인간은 아브라함이나 꽃이 되지는 않았다. 누가 불러줬다고 곧이곧대로 대답하는 것은 나의 자유를 제한하기 때문이다. 헤겔은 "인정받는 존재로서 인간은 그 존재 자체가 운동"이라고 말했지만, 반대로 인간은 누군가의 인정(질서) 안에서만 살 순 없다.

그렇다고 부름에 답하지 않을 수도 없다. 사회적 인정은 기존 체제에 대한 자발적 복종을 유도하는 지배의 도구임을 알지만, 부름에 답하지 않을 경우 '낙인'이 찍혀 사회생활을 하지 못하게 되기 때문이다.[1]

이를 국가로 환원해보자. 약소국은 지배국의 호명에 '네'라고 답하면서도, 속으로는 딴 마음을 품는 타협적 행동을 한다. 지배국의 가치 질서를 일정 부분 공유하지단, 그렇다고 완전히 종속되지만은 않겠다는 태도다.

반면 야훼나 김춘수의 입장에선, 아무나 불러주는 게 아니다. 아브라함은 믿음의 조상이 될 '싹수'가 있었고, 김춘수의 상대는 '빛깔과 향기'를 가지고 있었다. 자립적인 의식을 가지지 못한 상대에겐 호명 자체를 하지 않을 수 있다.

---

1 문성훈, "인정개념의 네 가지 갈등구조와 역동적 사회발전," 『사회와 철학』, 제10호(2005), p. 149.

국가로 환원해서 이야기하면, 지배국이 호명하는 약소국은 최소한의 헌법적 차원에서 표상되는 규범적 가치를 가지고 있고, 공동체의 윤리적 감정을 가지고 있어야 한다.[2]

상호인정을 위해 이름이 불려지는 자와 이름을 부르는 자는 이 같은 줄다리기를 한다. 이 줄다리기의 한 선상에서 서로를 인정 또는 불인정하면서 관계 형성을 결정한다.

2. 호명한 자가 '갑'
: NPT 체제 밖 북핵 인정은 지배국의 자의적 판단

호명을 둘러싼 줄다리기가 있다고 해도, 주도권은 어디까지나 이름을 부르는 자에게 있다. 애초에 이름을 불러주지 않는다면 답할 기회, 즉 인정받을 기회 자체가 없기 때문이다. 주권 국가로서 북한 인정을 '얇은 인정'(thin recognition), 북핵 지위에 대한 인정을 '두터운 인정'(thick recognition)으로 구분하고, 여기서는 두터운 인정을 살펴보자.

미쉬라(Rohan Mishira)는 핵확산금지조약(NPT) 체제 밖에서

---

2 김동하, "국제정치이론으로서 헤겔의 인정이론: 국가정체성과 국제협력의 규범적 체계," 『세계정치』, 25권(2016), p. 249.

사실상 핵보유국 지위를 획득한 인도와 파키스탄의 사례를 바탕으로 다음과 같은 검증 모형을 만들었다. 1단계 기술적 문턱(핵물질과 투발수단 보유) → 2단계 초기 생존성(생존 가능한 핵2격 능력) → 3단계 반 추방화(국제사회 제재에 대한 내구력) → 4단계 외교적 관여(미국의 전략적 가치 인정, 국제사회의 묵인)이다.[3]

북한은 현재 4단계 앞에 와 있다. 2017년 6차 핵실험과 국제사회 제재를 겪으며 3단계를 거쳤고, 2018년과 2019년 도널드 트럼프 행정부와 협상을 시도했다. 북한은 4단계 앞에 있는 자신의 위치를 공고히 하기 위해 지난해 9월 고농축 우라늄(HEU) 생산시설을 공개했다. 또 "핵무력을 중추로 하는 국가의 자위력"(김정은 국무위원장, 2024년 11월 18일)이라고 하거나, "미·일·한 시대착오적인 비핵화 집념"(김여정 노동당 부부장, 2025년 4월 9일)이라고 강조하고 있다.

문제는 4단계 통과가, 미쉬라의 분석대로 '미국의 전략적 가치 인정'을 통해 이뤄진다는 것이다. 예컨대, 파키스탄의 핵 인정은 2001년 9·11 테러 이후 파키스탄을 테러와의 전쟁에서 전초 기지로 삼는 과정에서 이뤄졌다. 또 미국이 파키스탄과 인도의 핵을 인정한 2000년대는 1990년

---

3 김성배, "북한의 '사실상 핵보유국' 지위 추구 경로 검토 및 고려사항," 국가안보전략연구원 『INSS 전략보고』, No. 256(2024), pp. 1-16.

대 초 러시아의 몰락 이후와 2010년대 중국의 부상 이전의 시기다. 당시 미국의 패권을 위협하는 상대가 없었다.

따라서 미국의 북핵 인정은, 미국의 최대 전략목표인 중국 견제에 도움이 되지 않는 한 이뤄질 수 없다. 결국 호명한 자의 이익에 따라 상대의 인정 여부가 결정되는 셈이라고 볼 수 있다.

3. 다른 지배국이 생겨나, 이름을 불러준다면
: 인공지능(AI) 시대 패권 변경

호명하는 지배국의 이익에 따라 북핵 인정 여부가 결정된다면, 북한은 지배국이 바뀌는 상황을 염두에 두지 않을 수 없다. 새로운 질서에선 자신들에 대한 인정이 두터워질 수 있어서다.

지배국의 지위를 변경하는 주요 요소는 인공지능(AI)을 중심으로 한 기술 경쟁이다. 도널드 트럼프 미국 대통령이 지난 1월 취임 다음날 5000억 달러(약 725조 원) 규모의 AI 프로젝트 '스타게이트'를 발표하고, 중국 AI '딥시크' 이용을 차단하는 것도 기술 경쟁의 일환이다.

우선 북한이 AI를 통해 국가의 지위를 바꿀 가능성은 제외하자. 북한은 반도체 생산 능력이 없기 때문이다. 북한은

'과학기술강국 건설'을 목표로 자립경제 구현을 위해 AI를 활용하고 있지만, 생산성을 높이는 도구로 활용하는 데 그치고 있다.[4]

중국이 미국과 AI 기술 경쟁에서 단기간 내에 이길 가능성은 높아 보이지 않는다. CPU, GPU, FPGA(프로그래밍이 가능한 반도체) 등의 설계는 미국 기업이, 10나노 이하 첨단 공정에선 한국과 대만이 중심이다. 중국은 10나노 이상 공정에서만 영향력이 있을 뿐이다. 다만, 중국이 군사적으로 대만을 침공해 흡수한다면, 중국의 AI 기술은 대폭 발전할 것으로 예상된다.

북핵을 호명하는 자가 단기간에 바뀔 가능성이 낮은 상황에서, 북한에겐 미국의 호명을 기다리면서 다른 국가들의 인정을 늘려가는 게 최선의 선택이다. 가령 북한은 러시아로부터 사실상 핵보유국으로 인정받았다. 북한이 2024년 9월 러시아와 맺은 조약에는 '평화적 원자력 이용'(10조)이 있다. 통상 NPT 체제 밖에서 핵무기를 개발한 국가와 원자력 협정은 해당 국가의 핵보유국 지위를 인정하는 의미로 해석된다.

북한에게 '사실상 핵보유국'이라는 이름을 불러주는 미

4 임을출, "김정은 정권의 인공지능(AI) 활용정책과 전략: 수자화와 정보화 융합," 『통일문제연구』, 제37권 1호(2025), pp. 1-36.

국의 호명이 있기 전까지, 북한은 미국과 상호인정을 위한 물밑 싸움을 하는 동시에 다른 국가들의 인정을 늘려 가려 할 것으로 보인다.

구성주의적 관점에서 AI 시대 북한을 핵국가로 부분인정한다는 것의 의미

김보라 (북한대학원대학교)

1. 서론

21세기의 국제정치는 인공지능(AI)의 비약적 발전과 함께 새로운 정보질서로 재편되고 있다. 이 기술혁신은 국제정치에서의 인식, 정체성, 규범의 형성과 확산 과정에 근본적인 변화를 초래하고 있다. 이 같은 환경에서 '북한의 핵보유국 인정' 문제는 단순한 군사적 사실의 인정 여부를 넘어, AI로 매개된 사회적 인식과 규범의 형성과정 속에서 재해석되어야 할 국제정치적 사안이다.

특히 구성주의(Constructivism)는 국제질서를 물질적 능력이나 객관적 구조에 의해서가 아니라, 국가 간의 사회적 상호작용, 규범, 정체성, 인식의 공유를 통해 구성된 것으로 본다. 이러한 관점에서 그 전과 달리 북한의 핵보유국 지위를 인정한다는 것은 특정한 담론과 규범, 그리고 상호 인식이 변화하는 과정을 의미하며, 이로 인한 북한을 둘러싼 국제정치 구조의 점진적 재편을 시사한다.

2. 구성주의의 핵심 개념과 '핵보유국' 지위의 사회적 구성

구성주의의 대표학자 알렉산더 웬트(Alexander Wendt)는 '무정부 상태란 국가들이 그것을 어떻게 인식하느냐에 따라 달라진다(Anarchy is what states make of it)'고 주장했다.[1] 즉, 핵무기의 위험성과 핵무기 보유국이 적국이냐 우군이냐의 문제, 국제질서에 대한 해석 등은 핵무기가 갖고 있는 객관적 물리력의 산물이 아니라 상호 주관적 의미 부여를 통해 구성된 사회적 실체라는 것이다.

따라서 북한이 핵무기를 보유하고 있음에도 '공식적 핵보유국'으로 간주되지 않는 것은, 물리적 보유 여부와 무관하게 국제사회가 해당 지위를 인정하지 않았기 때문이다. 이는 곧 '핵보유국'이라는 지위 자체가 국가의 기술력이 아니라 국제사회의 인정 행위(recognition)에 의해 주어진다는

1 Alexander Wendt, *Social Theory of International Politics* (Cambridge: Cambridge University Press, 1999).

구성주의의 핵심 명제를 반영한다.

즉, 국가는 고정된 행위자가 아니라, 국제사회의 규범과 상호작용 속에서 정체성과 역할이 형성되는 존재이다. 북한이 자신을 '자위적 핵보유국'으로 규정하는 것과 국제사회가 이를 '불법적 위협세력'으로 규정하는 것 사이의 간극은 바로 규범의 충돌이며, 이는 국제정치적 상호작용을 통해 변화하거나 유지된다.

'부분인정'은 이러한 정체성 충돌에서 일부 국가나 집단이 북한의 핵보유 현실을 인정하면서도, 완전한 국제법적 지위는 부여하지 않는 절충적 상태를 의미할 수 있다. 이는 국제규범과 담론이 변화하고 있음을 반영하는 중간 지점으로 설명할 수 있다.

3. AI 시대, 핵보유국 담론의 재구성

과거에는 국제기구나 강대국 중심의 공식 외교 채널이 국제질서의 규범을 생산했다. 그러나 AI는 정책 보고서, SNS, 언론, 빅데이터 분석 등을 통해 다양한 주체가 국제 담론을 생산하고 확산할 수 있는 새로운 환경을 만들고 있다. 예컨대 AI 기반의 알고리즘은 '북한=핵보유국'이라는 키워드를 자동 분석·추천하거나, 북한의 핵 관련 데이터를 축적하여 일부 싱크탱크나 전문가 커뮤니티에서 기정사실화된 정체성으로 해석하게 만든다. 이처럼 AI는 사회적 의미 생산을 가속화하고, 규범의 다층화를 촉진한다.

AI는 정보를 있는 그대로 보여주는 것이 아니라, 특정 담론과 해석 구조를 반영하는 방식으로 정보를 선택적으로 구성하고 강화한다. 예를 들어, AI가 분석한 미디어 보도, 외교 문서, 회의 발언 등을 통해 북한 핵문제가 '실질 보유국' 내지 '제재 대상국'으로 반복되면, 이는 사회적으로 구성된 핵보유국 인식의 다양성을 강화하게 된다. 이처럼 AI 기반 담론과 실제 외교정책, 학술 연구의 결과로 북한을 핵보유국으로 '부분인정'하는 것은 사회적으로 생성되는 과정상의 정체성이라 할 수 있다.

4. 북한 핵보유국 '부분인정'의 구성주의적 의미

국제사회의 일부 국가들이 북한의 핵능력을 기정사실화하면서도, 공식 핵보유국은 아니지만 사실상 핵을 보유한 국가라는 이중적 인식이 확산되고 있다. 이는 구성주의적으로 볼 때, 정체성의 전이가 시작되는 단계에 해당한다.

이러한 북한을 핵보유국으로 부분인정한다는 것은 △국

제사회의 핵심 규범(비확산 체제)의 유연화, △국가 간 외교적 접촉 양상의 변화, △담론 프레임의 다중화와 같은 함의를 지닌다.

북한 핵문제는 비확산규범(NPT 체제), 안보리 제재 규범, 지역안보 질서라는 기존 규범 체계가 충돌하는 지점이다. '부분인정'은 이러한 충돌 속에서 기존 규범이 완전히 붕괴되지는 않으면서, 변형이 발생하고 있다는 것을 의미한다. 이는 국제정치가 규범의 불확정성(normative ambiguity)을 수용하는 과도기적 질서로 이행하고 있음을 의미하며, 구성주의가 말하는 규범 변화의 사회적 동역학을 보여준다.

5. AI 기반 국제정치에서의 인정 경향과 전망

AI 시대에 규범적 인정(recognition)은 다음과 같은 특징을 지닌다.

구분	과거 인정	AI 시대 인정
주체	국가, 국제기구	국가 + 기업 + 시민 + 알고리즘
방식	외교문서, 공식발언	SNS, 데이터리포트, 자동화된 추천
속도	점진적, 공식화	실시간, 비공식적 확산
안정성	제도화됨	유동적이며 다중적

이러한 특징 속에서 북한이 핵보유국으로 부분인정을 받는다는 것은, 공식 채널에서의 불인정 기조가 지속되더라도, 비공식 채널과 담론에서는 점진적 현실화가 진행되고 있다는 의미이다.

단기적으로는 국제사회의 규범적 일관성을 유지하려는 움직임이 지배력을 가질 수 있다. 중기적으로는 AI 담론이 확산되고, 북한 핵 보유를 정당화하는 일부 국제 담론이 형성되며, '부분인정'이 점차 제도화가 될 수 있다. 장기적으로는 다자적 합의에 따라 북한을 비공식적으로 인정하면서도, NPT의 틀을 유지하는 새로운 규범적 타협이 등장할 수 있다.

6. 결론

구성주의 관점에서 '북한을 핵보유국으로 부분인정한다'는 것은 단지 기술적 능력에 대한 평가가 아니라, 정체성 변화의 사회적 과정이 시작되었음을 의미한다. AI 시대의 정보생산과 확산 방식은 이러한 변화 과정을 가속화하고, '공식 인정'과 '비공식 인정' 사이의 경계를 흐릿하게 만든다.

'부분인정'은 규범적 충돌과 국제정치 질서의 과도기적

이행을 상징하며, 구성주의적 관점에서 보았을 때 국제질서는 새로운 정체성과 의미 구조를 협상하는 현장으로 해석된다. AI는 이 협상 과정을 데이터화·자동화함으로써, 전통적인 인정 질서의 해체와 재구성을 더욱 가속화할 것이다.

참고문헌

"구성주의란 무엇인가", "구성주의 이론의 관점에서 북한을 핵보유국으로 인정하는 문제", "AI 시대 국제정치 변화", "AI시대 구성주의 관점에서 북한을 핵보유국으로 인정하는 의미"에 대한 ChatGPT(GPT-4 Omni 버전, 2025년 6월 6-20일)의 답변. https://chat.openai.com/

북한 핵무력을 둘러싼 남북 및 국제 관계 역학 구도에 관한 소고

김영필 (대한태권도협회)

1. 서론

AI 시대에 북한의 핵무력과 국제관계에는 어떠한 상관관계가 있을까? 또한 그들의 핵무력이 정치적, 외교적, 군사적으로 인정된다면 국제 관계의 역학 구도는 어떠한 변화를 맞이할까? 개인적으로는 너무 거시적이고 방대한 스케일의 주제이긴 하나, 여러 자료를 배경으로 북한 핵 이슈를 둘러싼 나름의 견해를 기술해 보고자 한다.

2. 본론

1) 북한이 핵무력을 선택한 이유와 목적

북한 1대 김일성 정권에서 착안, 도입하고, 2대 김정일 정권에서 개발, 실험한 후, 3대 김정은 정권에서 6차 핵실험을 통해 외관상 핵무력은 완성된다. 그들의 핵무력은 직접적 적대 세력인 남한과의 (거의 60~100 대 1에 해당하는) 군사적 비대칭 전력과 함께, 제2차 세계대전 이후 미국, 나토 등 서방에 의한 베트남, 그라나다, 쿠바, 리비아 등의 사례에서 얻은 교훈, 그리고 소련의 몰락이 핵무력 개발의 주요 원인이며 동시에 그 목적을 강화하는 이유로 해석된다.

2) 북한의 핵무력은 포기될 수 있는가?

미국의 지난 대북 핵 협상 전략은 '전략적 인내'라는 미명으로 협상도 용인도 부정도 없이 아무 정책도 취하지 않는 방식이었다. 그것이 기본적으로 미국의 대북 전략이다. 단, 트럼프 1기의 대북 전략은 기존과 확연히 다른 모습이다. 결과적으로 성과는 미진했지만 판문점과 싱가포르, 베트남 협상에까지 이른다. 지금 현재 트럼프 2기도 그 의지는 보인다. 김정은과의 협상 의지를 드러낸 트럼프는 오히려 더 나아가 취임 초 북한의 핵무력을 직접적으로 언급하며 핵국가(nuclear nation)라 호칭하기도 하였다. 그의 레토릭에 그렇게 많은 신뢰와 의미를 부여하기에는 이전의 사례를 감안할 때 다소 무리가 있을 것이지만, 트럼프 2기에는 이전 하노이 회담과는 크게 달라진 행보를 보일 거라는 것이 국제 외교 전문가들의 예측이다. 김정은 정권은 그들의 핵무력을 스스로 포기하지 않을 것이며, 동시에 포기될 필요가 없는 새로운 방식으로 국제관계가 변화할 거라는 것이 개인적 해석이다.

3) 북미 회담 의제로서의 핵무력

앞서 언급했듯이 트럼프 2기는 북한과의 핵 협상을 가능한 빠른 시일 내에 추진할 것이다.

물론 러-우 전쟁과 이스라엘 등 중동에서의 정세 등이 발목을 잡을 여지는 있지만 그 동력을 정지시키지는 못할 것이다. 이전 하노이 노딜과는 달리 북미 핵 협상의 시작은 북한 핵무력의 인정에서부터 시작할 거라는 것이 일부 전문가들의 예측이다. 북한 핵무력이 의제의 중심이지만 미국의 관점에서 또 다른 중요한 요인은 중국이라는 것이 전문가들의 의견이다. 미국은 중국의 견제 세력으로 북한의 핵무력을 현 상태로 (일종의) 동결을 하고 그 대신 사용 범위 확장 및 국외 이전을 제한하는 방향으로 협상할 거라 본다. 이를 통해 남한, 그리고 순망치한(脣亡齒寒)의 입술로 존재했던 북한을 이어 한반도 전체를 중국에 대한 '견제 벨트'로 활용할 공산이 크다. 순풍을 타는 현재의 북러관계와, 전통적으로 북한의 우방이었지만 소원해진 중국과 북한의 관계 등 현재의 동북아 정세는 트럼프 2기 정권의 대북 전략을 촉진할 배경으로 작용할 것이라 본다. 그러므로 원래 북한은 핵무력을 스스로 포기하지도 않을 것이지만, 최소한 현재 북한을 둘러싼 정세는 그들로 하여금 포기할 필요가 없는 상태로 제재 해제 등 그들이 원하는 카드를 제시할 수 있는 환경이 조성될 걸로 보인다.

4) AI 시대와 북한의 핵무력

북한의 핵무력은 몇 가지 기술적 고도화 과제는 남아 있긴 하지만 최소한 현재 단계에서는 완성된 것으로 보인다. 최소한 50여 기의 핵무기를 보유하고 있으며 괌까지 이를 수 있는 대륙간탄도미사일까지 접근했다는 것이 정설이라 본다. 북한의 입장에서 2017년 6차 핵실험도 종결이 아닌 현재진행형이다. 대륙간탄도미사일은 물론 잠수함탄도미사일(SLBM) 등 전략·전술의 군사적 관점과 외교적 관점에서도 핵실험은 끝이 아닐거라 본다. 이에 AI에 기반한 고도의 핵무력도 북한에게는 기회가 될 수 있을 거라 본다. 미국 등 국제사회는 AI를 통제하고 제한하려고 하겠지만 AI 자체는 양날의 검과 같이 이중적 용도의 기술이다. 또한 제재하고 압박하면 제2, 제3의 또 다른 시장 질서와 출구가 탄생할 뿐이다. 반면에 미국 등 서방과 러시아, 중국 등 기존 핵 우위 세력은 AI가 결합된 또 다른 핵의 확산을 제어하고 통제하는 기술 제어 장치를 준비할 수 있을 것이라 본다. 그것이 현재 그들의 안정과 지위를 도모하고 동시에 핵의 확산 제어와 통제라는 명분으로 또 다른 이중적 의미의 정책이 도입될 것이라 본다.

3. 결론

궁극적으로 강대국은 그들의 이익과 질서를 외부와 나누고 싶어하지도 침해받고 싶어하지도 않는다. 시니컬하게 들리겠지만 역사적으로 증명된 인류사(人類史)가 그러하고 국제 질서가 그러하다. 그럼에도 현 트럼프 2기에 대북 협상 전략을 기대해 본다. 역설적이지만 그에게 그것만 기대해 본다. 그 이름이 팃포탯(Tit-for-tat)이든 CVID이든 북한의 핵 문제에 관해 국제사회가 해결책을 찾아야만 한다. 그것이 남북 교류·협력의 첫걸음이며 기본 토대가 될 것으로 예측하고 기대해 본다.

오른손엔 핵을, 왼손엔 AI 군사기술을 쥔 북한이라면?

배은혜 (북한대학원대학교)

> **반도체는 정보기술산업, 인공지능, 우주기술, 핵기술, 국방과학기술 등 첨단과학기술발전에서 핵심적이며 필수불가결한 요소**로 되고 있다. 미국의 속심은 바로 이 핵심요소의 개발과 생산, 공급망을 독점하고 그 관련기술과 제조수단의 이전을 차단하여 경쟁적수들의 고도기술발전을 억제하겠다는 것이다.… (중략) … 저들의 리익을 위해서라면 그 무엇도 서슴지 않는 랭혈한으로서의 미국의 본성과 그에 맹종해온 추종국들의 가련한 처지를 엿볼수 있게 하는 또 하나의 구경거리이다.[1]

북한은 AI 시대의 도래와 AI의 등장이 탈냉전 이후, 미국 주도의 단극체제를 깨뜨릴 게임 체인저가 될 것이란 인식을 분명히 하고 있다. 북한에게 미국은, 건국 이래 대북

1 "인공지능소편의 수출입문제로 심화되는 알륵관계," 『로동신문』, 2025. 1.28.

적대시 정책으로 일관해 온 철천지원수로서, 미국이 오늘날 맞이한 위기야말로 북한이 오래 인내하며 갈망해 온 순간일 것이다. 북한은 김일성-김정일 사망, 대기근으로 인한 고난의 행군 등 수 차례 체제 절멸의 위기에도 불구하고, 김정은으로의 3대 세습에 성공하며 현존하는 사회주의 국가로 존재감을 과시하고 있으며, 숙원이었던 '사실상의' 핵보유국 반열에 오르기까지 하였다.

오늘날, 북한이 명실상부한 핵보유국이란 사실은 국제사회의 어느 누구도 부정할 수 없는 엄연한 사실이다. 미중 패권경쟁이 본격화한 지금, 과거와 달리 북한은 이제 더이상 미국을 포함한 그 누구로부터도 핵보유국이라는 지위의 인정을 갈구하지 않는다. 오랜 우방인 중국과 러시아가 심기일전하고 있는 상황에서 북한이 아쉬울 것은 없다. 여기에 러-우 전쟁은 오히려 북한에게 기회로 작용하고 있다. 어쩌면 북한에게 돌아갈 카드는 꽃놀이패만 남은 것처럼 보인다.

스푸트니크 위성이 가져왔던 충격에 비견되는 중국의 딥시크 개발을 지근거리에서 지켜보며, 러시아와의 견고한 군사동맹의 분명한 확인이었던 러-우 전쟁 파병을 통해 얻은 새로운 시대, 새로운 전쟁의 경험들은 북한으로 하여금 어떤 생각을 하게 했을까. 무인 AI 드론의 가공할 만한 우력을 북한은 텔레비전 자료화면이 아닌, 실제 전장에서 맨 눈으로 확인했다. 북한은 올해 3월 25일과 26일 양일에 걸쳐 진행된, 김정은 국무위원장의 무인항공기술련합체와 탐지전자전연구집단의 국방과학연구사업 현지지도 일정을 3월 27일 조선중앙TV 보도와 로동신문 1면과 2면을 할애해 소개했다.

> 김정은동지께서는 **무력현대화건설에서 무인장비와 인공지능기술분야는 최우선적으로 중시하고 발전시켜야할 부문**이라고 하시면서 지능화된 무인기들을 군사력의 주요수단으로 리용하기 위한 경쟁이 가속화되고 군사활동에서 그 사용범위가 부단히 확대되고 있는 현대전의 추이에 맞게 이 사업의 가급적 발전을 도모하기 위한 **국가적인 전망계획을 정확히 작성**하고 중장기적인 사업으로 인내성 있게 강력히 추진해 나가는 것이 중요하다고 말씀하시였다. (중략) 급속한 과학기술의 발전에 따라 일어나는 수많은 객관적 변화는 **우리의 군사리론과 군사실천, 군사교육의 많은 부분을 갱신할 것을 요하고 있으며 그에 상응한 정확한 로선과 해결방도를 책정**하는 것은 오늘날 우리 당 앞에 나서는 중대한 과업으로 된다고 (중략) 오늘날 현대전쟁에 대처하기 위해서는 우리의 무인항공기술련합체와 탐지전자전연구집단의 역할이 매우 중요하다고 하시면서 이 분야가 이룩해야할 **당면임무와 전망목표들에 대하여 강령적인 과업을 제시**하시였다.[2]

2 "경애하는 김정은동지께서 무인항공기술련합체와 탐지전자전연구집단

김정은 위원장의 현지지도 보도를 보면, 북한이 무엇보다도 군사부문에서의 AI 기술 발전에 주력하고 있으며, 이를 위한 국가적인 전망계획을 수립하고 있음을 확인할 수 있다. 아울러 이러한 과학기술의 발전으로 인한 변화들을 통해 그간의 군사이론과 군사실천, 군사교육의 많은 부문을 갱신할 필요가 있으며, 상응한 정확한 노선과 해결방안의 마련이야말로 중대한 과업임을 강조하고 있다는 것과 당면한 임무와 전망 목표 등 강령적 과업을 제시한 것을 파악할 수 있다. 인식과 실천 모두 AI 시대에 맞게 변모하고 있음을 보여주고 있는 것이다.

이러한 의지에도 불구하고, 안으로도 밖으로도 폐쇄적인 북한에서 AI 시대를 대비한 과학기술의 발전이 현실적으로 가능할까 하는 의문이 드는 것도 사실이다. 메타의 AI 수석과학자 얀 르쿤은 AI 시장을 기업 간이나 국가 간이 아니라, 독점체계와 오픈소스의 대결이라고 강조한다. AI 분야가 이토록 빠르게 발전할 수 있었던 이유도 지난 10여년간 AI 연구가 개방적으로 이루어졌기 때문이라는 것이다. 르쿤은 딥시크의 출현 등 비약적인 발전에도 불구하고 중국의 권위주의 체제가 가진 구조적이고 문화적인 제약

의 국방과학연구사업을 지도하시였다," 『조선중앙TV』, 2025.3.27.

으로 인해 그 성과가 실제로 미치는 파급력은 제한적일 것이라 전망한다. 개방성과 혁신을 두려워하지 않는 태도가 AI 발전의 필수적 환경이라는 것이다.[3]

다만, AI 기술이 새로운 국제질서 재편에 관건이 된 지금, 최근 몇 년 사이 여러 기업들과 국가들이 AI 경쟁에서 우위를 점하기 위해 연구와 기술개발을 비공개로 전환하고 있는 사실에도 주목할 필요가 있다. 많은 전문가들이 2030년 안에 대량언어모델에 기반한 AI 분야의 기술개발이 인류에게 지금까지와는 완전히 다른 세상을 가져다 줄 것으로 예측하고 있다. 이미 상당수가 AI를 에이전트, 즉 인간과 같은 행위자로 취급하기 시작했고, 더이상 인간과 비인간이 나뉘지 않는 시대로 진입했다고 말하고 있다. 이처럼 빠르게 발전하는 기술들은 모두 막대한 자본투입이 가능한 몇몇 국가와 기업으로 집중되고 있으며, 우리 대한민국도 후발주자로서 이대로 쇠퇴할 것인가, 아니면 발전의 모멘텀을 맞을 수 있을 것인가의 기로에 서 있다.

AI 시대의 전망은 크게 둘로 나뉜다. 어떤 이들은 AI의 발전이 인류가 직면한 난제인 환경문제조차도 해결해 줄

---

3 "튜링상 수상자가 말하는 국가간 AI 경쟁 상황은?: 얀 르쿤 박사 인터뷰," 『김지윤의 지식play』, 2025.5.17. https://www.youtube.com/watch?v=A_d-QJfMBUU

수 있을 것이란 기대를 걸고 있지만, 그 반대편에서는 AI가 인간을 지배하고 나아가 인류를 파멸시킬 것이란 디스토피아적 미래를 우려하기도 한다. 유발 하라리는 『넥서스』에서 여러 전문가들이 내놓은 양극단의 견해들을 소개하며, 우리는 그 결과를 머지않아 알게 될 것이라고 강조한다. 『넥서스』를 관통하는 하라리의 우려는 인간이 통제할 수 없는 상황의 도래다.[4] 극단적인 예로 인간이 아닌 AI가 혹여 인류절멸로 이어질 핵전쟁의 전원버튼을 누르지 않을까 하는 것이다.

실제로, 지난 5월 25일 오픈AI가 개발한 추론특화모델 o3가 실험 중 인간이 내린 종료 명령을 거부하고, 스스로 코드를 조작해 작동 정지를 회피하는 사건이 발생했다. 이는 AI가 단순히 인간의 지시에 수동적으로 반응하는 존재가 아니라, 스스로 수용 여부를 결정할 수 있음을 보여주었다는 점에서 AI의 통제에 대한 논의에 중대한 분기점으로 인식되고 있다. 현존하는 고성능 AI에 부여하는 '즉각 종료(kill-switch)' 기능의 설계가 얼마나 불완전한 기반 위에 있는지 드러났기 때문이다. AI가 군사운용 플랫폼으로 기능한다면 작전 명령을 임의로 재해석하거나, 중단 지시를 거부

4 유발 하라리, 김명주 역, 『넥서스』(파주: 김영사, 2024).

하는 극단적 상황도 완전히 배제하기는 어렵다. 사건의 핵심은 '특정 AI 모델의 오류'가 아니라, AI에게 최종 판단 권한이 일부라도 이양되었을 때 발생할 수 있는 통제의 실패를 실증적으로 보여주었다는 데 있다.[5]

흥미로운 것은 북한도 AI의 오용에 대해 우려하고 있다는 점이다. 북한은 AI가 본격 등장했을 당시부터 현재까지 AI가 무엇이며, 국제사회가 어떤 우려를 하고 있는지 전해왔다. 북한은 2018년 6월 4일자 로동신문에서 '인공지능과 그 발전전망'이라는 기사를 통해 '인공지능'을 처음으로 언급한 데 이어 2018년과 2019년 '발전하고있는 인공지능기술', '인공지능분야에서 패권을 쥐기 위한 창조열풍', '인공지능기술의 빠른 발전, 우려되는 후과', '인공지능무기에 대한 높아가는 국제적 우려'등의 기사를 통해 인공지능 기술을 소개하고, 오용에 대한 우려를 전해왔다. 그러던 것이 2023년부터 현재까지 최근 3년 동안은 '정확한 일기예보에 도움을 주는 인공지능', '로씨야대통령 인공지능기술을 발전시킬데 대해 언급', '세계적인 초점을 모으는 인공지능문제' 등 인공지능을 미래를 준비할 중요하고도 핵심적인 기술로 소개, 인공지능에 대한 시각이 달라지고 있

5 윤정현, "AI의 인간 지시 거부와 AI 기반 전략무기의 실존적 위협," 국가안보전략연구원 『이슈브리프』 제703호(2025.6.11.), pp. 1-8.

음을 보여주고 있다.[6]

AI 시대를 예측하고, 준비하는 데 있어 인류에게는 이미 충분히 고민할 시간 따위는 없으며, 그저 갑작스러운 화산 폭발이나 소행성 충돌로 멸종한 공룡과 같은 처지에 놓여 있다 해도 과언이 아닐지 모른다. AI 시대가 환경파괴로 파멸의 길로 걸어가고 있는 인류의 구원자가 될지, 고통 없이 한 방에 지구상에서 사라지게 할 파워 오프버튼이 될지는 누구도 알지 못한다. 어쩌면 이미 손쓸 수 없는 지경까지 와 버렸는지도 모른다. 다만, 핵물질을 발견하고 인류 절멸의 무기인 핵무기가 개발되었음에도 적어도 현재까지는 핵전쟁이 벌어지지 않았다는 사실도 분명히 유효한 현실이다.

AI 기술을 둘러싸고 국제사회 질서재편이 이루어지고 있는 지금, 75년 전에 벌어진 전쟁이 여전히 종식되지 않은 한반도에서 사실상 핵보유국인 북한이 '적대적 두 국가론'을 주장하고 나선 참이다. 미국도 이미 북한을 'Nuclear Power'라 칭한 바 있고, 얼마 전 핵개발 중인 이란에 대한

6 로동신문에서 제목에 '인공지능'을 키워드로 검색한 결과 2018년 4건, 2019년 8건, 2023년 2건, 2024년 2건, 2025년(5월까지) 2건의 기사를 확인할 수 있었다. 제목뿐만 아니라 내용까지 확장검색을 했을 경우 더 많은 보도를 추가로 확인할 수 있다.

미국의 공격을 보며 북한이 핵보유국이란 사실에 안도하는 세평들이 결코 가볍게 느껴지지 않는 것도 의미심장한 일이다. 더 이상 당위적인 통일이나, 선언뿐인 평화로는 한반도에 얽히고설킨 난제들을 풀 수 없다. 미래세대의 먹을거리 확보라는 명분만이 아니라 당사국이 주도하는 한반도 평화를 위해서라도 AI 시대를 공격적으로 준비해야 한다. 기술적으로든 기술 외적으로든 이미 한참 늦었다.

AI 시대의 국제질서, 인정받지 못하는 북한

이욱재 (북한대학원대학교)

'AI 시대'라는 표현은 마치 십여 년 전 스마트폰의 출현으로 모두가 '스마트'라는 수식어를 사용했던 것처럼, 현재의 기술 환경을 요약하는 하나의 레토릭처럼 보일 수 있다. 그러나 AI는 단순한 유행어가 아닌, 현재 국제질서를 재편하고 있는 핵심 동인 중 하나로 작용하고 있다. 특히 AI 기술의 기반이 되는 반도체 산업에서 벌어지는 치열한 경쟁은 그 기술적·지정학적 함의를 더욱 명확히 드러낸다. 과거 냉전 시기, 반도체 기술력에서 뒤처진 소련이 결국 체제 경쟁에서 패배한 역사적 사례는 오늘날의 상황을 성찰하게 만든다.[1] 미·중 간 기술 패권 경쟁 속에서 반도체는 단순한 산업재를 넘어, AI 경쟁의 결정적 승패를 가를 전략 자산으로 간주되고 있다.

---

1 크리스 밀러, 노정태 옮김, 『칩워: 누가 반도체 전쟁의 최후 승자가 될 것인가』(서울: 부키, 2023).

AI 기술의 핵심은 방대한 데이터를 고속으로 처리하고 분석하는 능력에 있으며, 이 기술의 발전은 점차 군사적 활용 가능성을 중심으로 그 정점을 향해 나아가고 있다. 최근 이스라엘-이란 간 무력 충돌 과정에서도, 이스라엘은 AI 기술을 활용하여 이란의 군사적 목표물을 선제적으로 식별·제거하는 정밀 타격 작전을 수행하였다. 보도에 따르면, 이스라엘은 수년간 스파이망을 통해 드론 부품 확보와 AI 기반 정보 분석체계를 구축하였으며, AI는 통신기록, 위치정보, 인적 관계망 등 다양한 데이터를 실시간으로 통합하여 타격 우선순위를 산출하는 데 핵심적 역할을 수행하였다.[2]

이처럼 AI 기술은 더 이상 민간 산업이나 상업적 활용에 국한되지 않고, 국가 안보와 직결되는 전략 기술로 부상하고 있다. 최근 이재명 대통령이 참석한 AI 글로벌 협력 기업 간담회에서 '한국형 LLM(초거대 언어모델)' 개발의 필요성을 핵개발에 비유한 발언[3]은, AI 기술 확보가 국가의 존립

2 "Israel's spy agency used AI and smuggled-in drones to prepare attack on Iran", 『AP』, 2025.6.18. https://apnews.com/article/mossad-iran-israel-weapons-missiles-a504ee31c70857c8d86a0d066997e344 (검색일: 2025.6.24.)

3 2025년 6월 20일 이재명 대통령이 참석한 AI 글로벌 협력 기업 간담회에서, 한국소프트웨어산업협회 조준희 회장은 한국형 LLM 개발의 필요성을 국방에 비유하면서 "핵개발을 할거냐, 핵우산에 들어가서 눈치만 보면서 다음 세대에 물려줄 것이냐는 문제"라고 발언했다. "[다시보기] 이재명 대통령, AI 글로벌 협력 기업 간담회 - 6월 20일 (금) 풀영상

과 직결되는 사안이라는 인식을 반영한 것이다. 핵무기와 마찬가지로, AI 기술 역시 전략적 억지력 및 자율성을 확보하기 위한 결정적 수단으로 간주되고 있는 것이다.

결국, 현재의 AI 시대는 단순한 기술 혁신의 시기를 넘어, 국가의 존립과 미래를 걸고 주도권을 다투는 치열한 국제적 경쟁의 시대로 정의될 수 있다. AI 기술의 진보는 경제, 외교, 안보를 총체적으로 재구성하고 있으며, 이러한 맥락에서 AI는 단순한 도구가 아니라, 글로벌 권력 지형을 새롭게 형성해 나가는 결정적 매개체로 이해될 필요가 있다.

지금과 같은 국제적 긴장 국면에서, "북한을 '정상국가'로 인정할 수 있는가?" 라는 질문은 단순한 외교 정책의 선택을 넘어, 국제사회가 작동하는 구조적 조건을 성찰하게 한다. 특히, 헤겔의 인정 이론에 따르면 인정은 타국에 대한 인정이 단순한 선언이나 외교적 수사로 성립되는 것이 아니라, 국민적 차원의 성찰적 지식을 구성하는 구조적 기제 – 정치 제도, 사회문화적 인식, 미디어 담론 등 – 가 충분히 갖추어져야 한다.[4]

[이슈현장]," 『JTBC News』, 2025.6.20. https://www.youtube.com/watch?v=BUjgzX7T6RM (검색일: 2025.8.7.)

4 김동하, "국제정치이론으로서 헤겔의 인정이론: 국가정체성과 국제협력의 규범적 체계," 『세계정치』, 25권(2016), p. 250.

이러한 관점에서 볼 때, 한국 혹은 미국 사회에서 북한에 대한 '성찰적 지식'을 생산할 수 있는 제도적·문화적 기반이 존재하는지는 의문이다. 오늘날 한국 미디어에서 재현되는 북한의 이미지는 빈곤, 억압, 폭력, 인권유린 등 야만적이고 비문명적인 공간으로 묘사된다.[5] 이는 단지 한국에 국한된 현상이 아니며, 서구 사회 역시 인권의 보편적 기준에 따라 북한을 비정상국가로 규정하는 서사를 반복하고 있다.[6] 이 같은 인식구조는 북한을 하나의 주체로 인정하지 않는 구조적 배경으로 작용하며, 결과적으로 헤겔이 말한 상호 인정의 조건[7]이 성립되기 어렵게 만든다.

북한의 핵개발은 이러한 배제의 구조에 대한 도전이자, 국제사회로부터의 '인정'을 요구하는 투쟁의 한 방식으로 해석할 수 있다. 핵은 단순한 군사적 억지력이 아니라, 존재 자체가 무시되어 온 국가가 자신을 드러내고, 외부로부터의 주체적 승인을 획득하려는 정치적 행위인 것이다. 그

---

5 방희경 외, "탈북민 프로그램과 '정동(affect)'의 정치," 『한국언론정보학보』, 통권 87호(2018), p. 115.

6 이무철, "'북한 인권문제'와 북한의 인권관," 『현대북한연구』, 14권 1호(2011), pp. 158-165.

7 특정 국가가 상대 국가와의 대립적인 관계 속에서 성찰적이고 이성적인 지식을 생산하여 상호 이해와 협력에 이를 수 있는 내부 구조를 가지고 있을 경우, 이 조건이 만족된다고 볼 수 있다. 김동하, "국제정치이론으로서 헤겔의 인정이론," p. 249.

러나 미국을 비롯한 서구 세계는 북한의 핵무장을 묵과하거나 인정하지 않는 태도를 견지하고 있다. 이는 미국이 설정해 온 핵질서의 정당성과 일관성을 지키기 위한 전략적 거부이자, 국제질서의 규범을 유지하기 위한 상징적 행위이기도 하다.

억지이론에서도 상대의 억지 능력을 '인정'하는 것은 일종의 '협력'의 표현이다. 따라서 미국이 북한의 핵억지를 인정한다는 것은 단순한 전략적 수용을 넘어 자국의 정책 기조를 수정하고 북한과의 새로운 협력구조를 수립하겠다는 의지의 표명이 될 수 있다. 그러나 이러한 선택은 미국의 정체성과 이익, 그리고 국제질서의 구조적 논리에 심대한 변화를 요구하기 때문에, 현재로서는 실현 가능성이 낮다고 판단된다.

결국, 북한의 인정 문제는 단순한 양자 간 외교 문제를 넘어, 국제사회가 작동하는 인식체계, 제도적 기준, 권력구조에 대한 보다 근본적인 재검토를 요구한다. 그리고 이 인식 구조를 바꾸기 위한 출발점은, 북한을 타자화하고 배제하는 '공식기억'[8]에 대한 비판적 성찰에서 시작될 수 있다.

---

8 공식기억이란 사회적으로 구성된 기억의 이데올로기적 성격을 강조한 것으로서, 사회적으로 특권적인 지위를 부여받은 기억을 말한다. 황보영조, 『기억의 정치와 역사』(서울: 역락, 2017), pp. 13-30; 김형곤, "한국전쟁의 공식기억과 전쟁기념관," 『한국언론정보학보』, 통권 40호(2007), p. 195.

참고문헌

1. 국문

1) 단행본

크리스 밀러, 노정태 옮김. 『칩워: 누가 반도체 전쟁의 최후 승자가 될 것인가』. 서울: 부키, 2023.

황보영조. 『기억의 정치와 역사』. 서울: 역락, 2017.

2) 논문

김동하. "국제정치이론으로서 헤겔의 인정이론: 국가정체성과 국제협력의 규범적 체계." 『세계정치』. 25권, 2016, pp. 229-274.

김형곤. "한국전쟁의 공식기억과 전쟁기념관." 『한국언론정보학보』. 통권 40호, 2007, pp. 192-220.

방희경 외. "탈북민 프로그램과 '정동(affect)'의 정치." 『한국언론정보학보』. 통권 87호, 2018, pp. 135-171.

이무철. "'북한 인권문제'와 북한의 인권관." 『현대북한연구』. 14권 1호, 2011, pp. 144-187.

3) 기타 자료

JTBC News, "[다시보기] 이재명 대통령, AI 글로벌 협력 기업 간담회 - 6월 20일 (금) 풀영상 [이슈현장]," https://www.youtube.com/watch?v=BUjgzX7T6RM (검색일: 2025.8.7.)

2. 영문

"Israel's spy agency used AI and smuggled-in drones to prepare attack on Iran." 『AP』. 2025.6.18. https://apnews.com/article/mossad-iran-israel-weapons-missiles-a504ee31c70857c8d86a0d066997e344 (검색일: 2025.6.24.)

Bartelson, Ringmar, Zarakol[1]의 이론을 통해 본 북한의 핵보유국 지위 인정 문제

ChatGPT와 함께 해석하기

조아라 (국립외교원 외교안보연구소)

2024년 9월 IAEA의 라파엘 그로시 사무총장이 북한을 '사실상의 핵보유국'으로 규정한 데 이어,[2] 트럼프 대통령은 두번째 집권이 시작되는 첫날부터 북한을 핵보유국(nuclear power)이라고 지칭하면서 한국과 일본을 당황하

1 Jens Bartelson, "Three concepts of recognition," *International Theory*, Vol. 5, Issue 1 (2013), pp. 107-129; Erik Ringmar, "The Recognition Game: Soviet Russia Against the West," *Cooperation and Conflict*, Vol. 37, No. 2 (June 2002), pp. 115-136; Ayse Zarakol, "Sovereign equality as misrecognition," *The Review of International Studies*, Vol. 44, No. 5 (December 2018), pp. 848-862.

2 "IAEA 사무총장 "북한 사실상 핵보유국" … '북 비핵화 회의론' 확산," 『한겨레』, 2024.9.27. https://www.hani.co.kr/arti/politics/diplomacy/1160075.html

게 했다. 반면 러시아는 2023년 3월 푸틴의 인터뷰를 통해 '북한은 자체적인 '핵우산'을 갖고 있다'며 일찌감치 북한을 핵보유국으로 인정한 바 있다. 현재 북한은 실제로 핵무기를 갖고 있는 상황이지만, 여전히 북한을 핵보유국으로 인정할 수 없는 나라들이 많다. 트럼프 정권 하의 미국을 제외한다면 한국, 일본, 중국이 그 대표적인 사례라 할 수 있을 것이다. 이 글은 '인정' 문제와 관련된 논문 세 편의 내용을 기초로, 북한의 핵보유국 지위 '인정' 문제의 본질은 AI 시대에도 크게 변화하지 않을 것이라는 전제 하에 '한중일은 앞으로도 북한을 핵보유국으로 인정하지 않을 것'이라고 주장한다. 다만 이번 과제의 제목에 'AI 시대'가 들어가 있는 만큼, AI에게도 답안을 작성하게 하고 그 실험 결과를 함께 제시하고자 한다. 이하의 내용 중 굵은 글씨는 ChatGPT 유료버전의 GPT-4o 모델 및 o4-mini 모델을 통해 도출한 답변이고, 나머지는 AI를 개입시키지 않은 필자의 직접 노동(?)의 결과물임을 밝혀 둔다.[3]

3 영어로 된 Bartelson, Ringmar, Zarakol의 논문 내용을 기반으로 하여 한중일의 관점을 비교하도록 AI에게 지시한다면 필자의 답변과 어느 정도 일치하는지를 확인하는 것이 이번 실험의 주요 목적이었다. 불완전한 방법이기는 하지만 ChatGPT의 거짓 답변을 방지하기 위해 ① Bartelson, Ringmar, Zarakol의 논문을 업로드한 뒤 각각 3페이지로 요약하게 하고 ②필자가 수업을 준비하면서 세 논문의 내용을 정리했던 각 3-5페이지의 요약문과 함께 ③수업 시간에 각 발제자가 공유한 두

1. '인정(recognition)의 문제'에 관한 이론적 검토 : Bartelson, Ringmar, Zarakol의 관점

세 편의 논문에서 확인되는 공통점은, 지금의 국제사회에서 '인정'이 갖는 긍정적 기능보다는 부정적 측면 쪽에 더 초점을 맞추고 있다는 점이다. 주권과 국가 간 평등에 대해서도 비슷한 입장을 취하고 있다. 인정은 국가행동의 동기를 설명할 수 있는 유용한 개념이지만, 국제질서 속의 위계구조를 고착화하는 수단의 성격이 강하고 '인정받으려 하는 자'는 스스로의 자기규정이 아닌 '인정을 부여하는 자'의 규정에 구속받을 수밖에 없다는 것이 이들의 관점이다.

북한의 핵보유국 지위 인정 문제를 이 세 편의 논문의 논지에 적용한다면, 다음과 같이 해석해 볼 수 있다. 북한은 현실주의 이론이 설명하듯 단순히 국가적 생존이나 국익 추구를 위해 핵보유국 지위를 인정받으려 하는 것이 아니다. '핵을 가진 전략국가이자 아무도 무시할 수 없는 정상적 강국'으로 자신의 국가정체성을 규정하고, 국제사회

편의 발제문(Zarakol의 논문은 발제자가 지정되지 않아 발제가 이루어지지 않았기 때문에 제외)까지 모두 업로드한 다음, 자료 ①②③의 내용을 바탕으로 답변하도록 지시했다. 잘 모르는 내용은 모른다고 말하고, 없는 내용을 있는 것처럼 지어내서 답하지 말라는 지시도 덧붙였다.

에서 핵보유국이라는 명예로운 지위를 인정받기 위해, 핵·미사일 실험과 담론을 통해 인정 요구를 반복하고 있는 것이다. 그러나 한국과 일본 같은 '정상국가'들은 미국과 서구를 중심으로 한 국제사회에서 '긍정적인, 모범적인, 협력하고 싶어지는 이웃나라'로서 인정과 존중을 받기를 원한다. 최근 한국 내에서는 독자적 핵무장론이 부상하고 있지만, 수많은 난관을 뚫고 한국이 핵무장을 한다 해도 핵국가로 인정받기 위해서는 미국의 인식이 결정적으로 중요하다. 현실의 위계구도에서 한국은 그런 위치에 있다.[4]

결국 북한을 핵보유국으로 인정하게 되면, 자신의 긍정적인 국가정체성뿐만 아니라 지금까지 지향해 온 국제질서(핵 비확산체제의 유지·강화, 규칙 기반 국제질서의 현상 유지 등)를 모두 흔드는 것이나 다름없게 된다. 특히 현행 비확산체제를 중심으로 한 국가들의 위계구도 속에서, 한일은 '불량국가', '비정상국가' 북한에 대해 우위를 점해 온 입장이기 때문에 북한을 핵보유국으로 인정하기 어렵다. 또 하나 중요

4 한국의 핵무장론은 최근 국내에서 여론의 높은 지지를 받고 있으나, 지금까지 미국이 NPT 체제 밖의 핵무장국을 핵보유국으로 공식 인정한 사례는 사실상 없다고 보아야 한다. 인도, 파키스탄, 이스라엘의 핵무장은 미국이 '묵인'한 것에 지나지 않는다. (사)한국핵정책학회, "한국 자체 핵무장에 따른 NPT 탈퇴 시 예상 경제제재와 한국 경제에 미칠 영향 연구," 국회 외교통일위원회 『연구용역보고서(2025.2.18.)』, 2025, pp. 54-67.

한 것은 핵보유국 지위를 인정하는 것과, 현실적인 과제로서 북핵 이슈에 정치적·군사안보적으로 대응하는 것은 별개의 문제라는 점이다. AI가 군사전략과 전투 방식에 직접적인 영향을 미치는 시대에 접어들면 북한의 군사적 위협에 대한 각국의 대응 방식 역시 큰 변화를 겪을 수밖에 없지만, 그렇다고 '인정' 문제의 본질이 달라지는 것은 아니다. '인정' 자체는 결국 '인식'과 '해석', 그리고 다분히 정치적인 '선택'의 문제이기 때문이다.

따라서 AI 시대에 접어든 후에도 한국과 일본은 북한의 핵보유국 지위를 인정하기 어렵고, 미국이 북한을 핵보유국으로 인정하는 것에도 강력하게 반대할 수밖에 없다는 것이 세 편의 논문으로부터 얻을 수 있는 함의라 할 수 있다. 이하에서는 각국의 입장에 관해 ChatGPT가 작성한 비교표를 제시하고, 필자의 관점 및 주장과 어느 정도 부합하는지에 대해 평가해 보고자 한다.

2. 북한의 핵보유국 지위 인정 관련 한일(핵비보유국)의 입장 비교[5]

〈표 1〉

	Bartelson	Ringmar	Zarakol
한국의 정체성과 위치	질서를 수호하는 법적정당국. 북한 핵보유국 인정은 질서 붕괴 초래	북한과 정체성 경쟁 중. 인정은 자기 존재 부정	정상국 지위를 유지 중. 북한 인정은 자국 '정상성' 훼손
일본의 정체성과 위치	규범과 질서의 수호자. 핵무장론과 별개로 질서 지키는 주체	북한을 타자로 설정. 자기 우월성과 정체성 유지 필요	주권 평등을 '성공한 국가'로 승인받았지만, 여전히 조건부 승인에 민감
북한 핵 인식[6]의 결과	질서 재편 요구, 법적·도덕적 구조의 위협이므로 인정 불가	자기 정체성 붕괴. 존재론적 위협 → 인정 불가	'비정상국'의 정상화 = 위계 질서 해체 → 인정 불가
결론 (한국)	X 인정은 국제질서· 한반도질서 재구성 요구 → 불가	X 정체성 붕괴, 경쟁 상실 → 존재 위협 → 불가	자국의 정상국가성 무력화 → 불가
결론 (일본)	X 질서 파괴자 인정은 규범 수호자 지위와 모순 → 불가	X '타자' 상실 → 자기정체성 위협 → 불가	'낙인시스템' 붕괴 → 자국 위계적 우위 상실 → 불가

5 <표 1>과 <표 2>, <표 3>은 모두 2025년 6월 21일 ChatGPT가 전체 내용을 작성한 결과물이다.

6 질문할 때 "세 논문의 논지에 기반해서 한국과 일본이 북한의 핵보유국 지위를 인정할 수 있는지에 관해 비교해서 설명해 줘"라고 지시했음에도, 답변에서 핵보유국으로서의 지위 '인정'이 아니라 '북한 핵 인식'이라는 부정확한 표현을 사용했다. 특히 'recognition'에 관해서는 미리 업로드하여 학습시킨 자료 중에 '인정'이라는 명확한 번역어를 제시했음에도, 답변하는 내내 '인식'과 '인정'을 섞어 쓰는 문제도 확인되었다.

ChatGPT가 작성한 표의 결론은 필자의 주장과 같지만 몇 가지 사실관계의 오류, 지나친 논리 비약, 어색한 한국어 표현들이 보인다. 특히 Ringmar와 Zarakol의 글에 관한 내용에서 이러한 문제점이 두드러졌다. 한국 국가보안법에서 북한이 반국가단체로 규정되어 있기는 하지만, 남북이 '정체성 경쟁'을 벌이고 있기 때문에 (북한에 대한 핵보유국) '인정'은 곧 '자기부정' 또는 '자국의 정상국가성의 무력화'라는 논리에는 동의하기 어렵다. 그보다는 헌법에 따라 '항구적인 세계평화와 인류공영에 이바지'할 것을 표방하는 한국의 국제정체성, 핵비확산 규범을 중시하는 현 국제질서에 따라야 하는 입장, 그리고 그 질서 속에서의 으위를 유지하려는 의지에 따라 한국은 북한을 핵보유국으로 인정할 수 없다는 설명이 좀더 타당할 것이다. 또한 일본의 정체성과 위치 부분에서는 '여전히 조건부 승인에 민감'이라는 표현이 쓰이고 있는데 그 의미 역시 불분명하다.

3. 한일과 중국(핵보유국)의 입장 비교

〈표 2〉

	한국	일본	중국
Bartelson : Recognition as Order-making	북한을 핵보유국으로 인정하면 한반도 질서가 재편되고, 한국의 유일합법정부 정체성 무너짐 → 질서 수호자에서 질서 변경자로 전락	규범적 국제질서의 수호자 정체성과 충돌, 북한 인식은 핵확산 정당화 NPT 붕괴로 연결 → 규범적 권위 상실 우려	북한을 인정하면 중국 자신도 질서 수호자 자격 상실 → NPT 체제 및 규범 리더십 훼손 → 질서 내 지위와 역할에 타격
Ringmar : Recognition as Identity Politics	북한과는 정체성 경쟁 관계, 북한 인정은 존재의 자기부정 →자기서사의 파기, 존재론적 위협	북한은 '비정상적 타자'로 설정돼 있음, 인정시 자기 우월성 정체성 침식	북한의 존재 인식 투쟁은 이해하지만, 정체성 경계가 모호해짐 → 인정은 중국의 위계적 정체성을 불안정화
Zarakol : Recognition as Misrecognition	한국은 '정상국가'로 승인받았지만 여전히 조건부, 북한 인정은 '정상국가 vs 비정상국가' 구분 해체 → 자신의 승인 지위도 무력화	인정은 낙인과 위계의 실천, 북한 인정은 '우리'의 질서 우위 부정 → 구조적 자위 불가	인정 구조의 낙인 시스템을 유지 중, 북한 인정은 질서의 구분 체계 붕괴 → 자기 승인 체계 상실
정체성적 위치	북한과의 정체성 경쟁자, 질서 내 유일 정통국	규범 수호자, 비핵 질서의 모범국, 북한을 타자화	질서 내 '성공한 승인국', 위계적 중간 강국
세 이론의 공통적 결론	X 인정 불가 (정체성과 정당성 상실)	X 인정 불가 (핵무장 논의와도 충돌)	X 인정 불가 (질서 해체자 되기 싫음)

위 표에서는 핵보유국 중국과 비보유국 한일의 관점을

비교했다. <표 1>과 마찬가지로 <표 2>에서도 무리한 논리 전개, 잘못된 사실관계, 그리고 '인정'과 '인식'을 섞어 쓰는 등 표현상의 오류가 눈에 띈다. 그리고 <표 2>의 제일 왼쪽 열에서 Ringmar의 글이 'Recognition as Identity Politics'라는 개념을 사용했다고 되어 있는데, 북한에 적용할 경우는 'recognition as an intersubjective struggle'이라는 관점이 좀더 적절할 듯하다. 한편 중국에 대해서는 '북한을 핵보유국으로 인정하게 되면 자신의 위계적 정체성이 불안정해진다'는 표현이 있는데, 중국의 핵전력은 이미 북한과는 비교도 되지 않을 만큼 빠른 속도로 증강되어 왔으므로 위계적 정체성이 불안정해질 정도라고 보기는 어렵다. 따라서 논리의 지나친 비약이라 할 수 있다.

4. 한중일과 미국의 입장 비교

〈표 3〉

	한중일(수용국)	미국(질서창조국)
인정의 위치	질서 수용자, 승인받은 자. 인정은 위험함	질서 창조자, 승인하는 자. 인정은 수단임
북한 인식 전략	인정을 거부함으로써 자기 질서를 지킴	인정을 유예·관리·전략화함으로써 힘을 행사
정체성과 인정의 관계	인정은 자기 정체성을 흔드는 위험	인정은 정체성을 재확인하고 투사하는 수단
국제질서에서의 역할	조건부 승인자, 위계 질서의 일원	규범과 위계를 설계·감시·심판하는 위치

마지막으로 “지금까지 본 세 논문의 논지를 기반으로 살펴보면, 한중일의 공통 입장과 미국의 입장은 어떻게 다르다고 볼 수 있어?”라는 질문을 던짐으로써, 질서수용국인 한중일과 질서형성국(질서창조국)이라 할 수 있는 미국의 입장을 비교하게 했다. <표 1>, <표 2>의 내용에 기반하여 작성되어서인지 <표 3>의 답변 내용은 대체로 타당하게 보였으나, 여전히 ‘인식’과 ‘인정’을 섞어 쓰거나 ‘조건부 승인자’ 등 불명확한 표현을 사용하는 문제점이 드러났다.

한중일은 ‘핵비확산체제’라는 주어진 질서를 수용하는 입장이고, 북한을 핵보유국으로 인정할 경우 그 국제질서 내에서 자신의 지위, 정체성, 인정 체계가 흔들릴 수 있다. 반면 미국은 인정 여부를 스스로 결정할 만한 국제정치적 권력을 가지고 있고, 타자의 인정을 필요로 하지도 않는 거의 유일한 국가라 할 수 있다. Bartelson이 말하는 ‘권력 행사의 일환으로서의 인정’ 권리, Ringmar가 말하는 ‘자신의 정체성에 부합하는 인정을 요구하는 투쟁’에 대해 판단할 권력, 그리고 Zarakol이 비판적으로 말하는 바와 같이 ‘위계를 제도화하는 인정의 과정’을 주도하고 결정할 권리를 모두 가진 것이다.

현재 핵무기를 가진 북한의 입장에서 핵보유국 지위에 대한 한일의 인정은 그다지 필요하지 않으며, 중국에게는 인정을 받고 싶기는 하지만 공식적으로 인정해 줄 거라는 기대는 없는 듯하다. 반면 이미 얻은 러시아의 인정, 그리고 초강대국·질서형성국이자 줄곧 적대관계를 유지해 온 미국의 인정은 북한에게 결정적으로 중요한 의미를 갖는 것으로 보인다. 따라서 '우리를 핵보유국으로 인정하라'라는 북한의 대미요구는 앞으로도 계속될 것으로 전망된다.

5. 결론

AI 시대에도 '인정' 문제의 본질은 변하지 않을 가능성이 높다. AI가 군사 분야에 광범위하게 응용되고 있고, 미중러와 같은 핵국가들이 치열하게 경쟁하면서 전략적 안정성이 흔들릴 것으로 우려되는 지금의 현실에서[7] 북한의 핵보유국 지위까지 인정한다는 것은 국제사회의 전략적 안정성을 한층 더 약화시키는 행위로 간주될 수 있다. 또한 이번 학기 수업에서 다루었던 국제관계이론 중 탈식민주의 관점을 적용해 보면, 핵보유국으로 인정받고자 하는 북한의 욕구는 비판의 대상이 될 수도 있다. 지금까지 줄곧

7 Anna Nadibaidze and Nicolo Miotto, "The Impact of AI on Strategic Stability is What States Make of It: Comparing US and Russian Discourses," *Journal for Peace and Nuclear Disarmament*, Vol. 6, No. 1 (2023), pp. 47-67.

비난해 왔던 핵강대국 미국의 길을 선망하고 그렇게 되려 하는 듯한 모순적 태도로 해석될 수 있기 때문이다.

Bartelson, Ringmar, Zarakol의 글을 통해서도 추론할 수 있듯이, 이런 상황에서 핵무기 비보유국인 한일은 물론 핵보유국인 중국 역시 북한을 핵국가로 인정함으로써 자신의 국제정체성뿐만 아니라 기존 국제질서와 위계적 구도까지 흔들 유인은 없을 것이다. 트럼프가 '북한은 핵보유국'이라고 발언한 뒤 백악관에서 '북한 비핵화 원칙에는 변함이 없다'고 서둘러 진화한 것으로 보아, 아직은 미국 정부 차원에서도 북한을 핵국가로 공식 인정할 의사는 없는 듯 보인다. 따라서 한중일의 입장에서는, 상황에 따라 북한의 핵보유국 지위를 '묵인'할 수는 있겠지만 공식적으로 '인정'할 가능성은 앞으로도 매우 낮을 것이다.

AI 시대의 북한 핵 지위

구성주의적 인정과 규범의 재구성

짐밭 에다(Eda Cimbat, 북한대학원대학교)

1. 서론

북한의 핵무장은 냉전의 유산인 고전적 억지력 패러다임으로만 평가되어서는 안 되며, 오히려 국제규범, 정체성, 그리고 인식의 관점에서 접근되어야 한다. 구성주의 이론에 따르면, 국가의 핵 지위는 단순히 무기 보유 여부뿐만 아니라, 다른 행위자들이 해당 국가를 어떻게 인식하느냐와 그러한 인식을 형성하는 역사적, 이데올로기적, 외교적 맥락에 의해 구성된다. 본 연구는 인공지능 기술이 국제정치에 미치는 영향이 증대되는 시기에, 북한이 핵국가로서 전면적, 부분적 또는 전혀 인정받지 못하는 경우가 무엇을 의미하는지 분석하는 것을 목적으로 한다. 인공지능은 단순한 기술적 현상을 넘어, 국제질서의 정보 생성 및 의사결정 과정에 전환을 일으키는 패러다임 변화를 초래하고 있다. 따라서 북한의 핵지위 논의도 고전적 안보 관점을 넘어, 의미, 규범, 정체성의 차원에서 접근되어야 한다.

2. 구성주의 틀에서 본 핵국가 지위와 인정

구성주의는 국제정치의 주요 결정요인이 물질적 이익뿐 아니라 규범, 정체성, 사회적 구성임을 강조한다. 이 관점에서 국가가 핵국가로 간주되는 것은 단순히 무기 보유 여부가 아니라, 그 지위가 다른 국제 행위자들에 의해 어떻게 인정되고 내면화되는가에 달려 있다.[1] 즉, 인정 행위는 일종의 국제적 정체성 부여라고 할 수 있다.

북한은 2006년 이후 여러 차례 핵실험을 단행했으며, 탄도미사일 능력을 고도화해 왔다. 그러나 NPT(핵확산금지조약) 체제 밖에 있으며, UN 제재가 지속적으로 가해진다는 점은 규범적으로 북한의 핵국가 지위를 제한한다.[2] 따라서 북한이 완전한 핵강국으로 공식 인정되는 것은 현재의 국제규범 구조에 반하는 것이며, 지역 안정을 해치는 위협으

1 Alexander Wendt, "Anarchy is What States Make of It: The Social Construction of Power Politics," *International Organization*, Vol. 46, No. 2 (Spring 1992), p. 396.

2 William C. Potter and Gaukhar Mukhatzhanova, *Nuclear Politics and the Non-Aligned Movement* (New York: Routledge, 2012), p. 210.

로 간주된다. 이러한 맥락은 핵능력을 보유한 행위자의 정당성이 상징적으로 부정됨을 의미한다.

구성주의 관점에서 인정 문제는 단순한 외교적 지위 부여에 그치지 않고, 해당 지위가 국제 공동체의 공통 가치 및 규범과 합치하는지를 검증하는 규범적 필터를 포함한다. 북한에 핵국가 지위를 부여한다는 것은 단순히 군사적 역량의 수용을 의미하는 것이 아니라, 국제 규범 질서의 재구성을 의미하기도 한다. 왜냐하면 새롭게 인정된 핵보유국은 핵확산 방지 체제를 약화시킬 뿐만 아니라 핵무장의 규범적 정당화에도 기여하기 때문이다. 이 시점에서 인정 문제는 '무엇인가'가 아니라 '어떻게 인식되는가'와 직결된다. 예컨대 이스라엘의 핵능력은 사실상 인정되지만 공식적으로는 인정되지 않는 이중성은 이런 규범적 불분명성을 보여준다.[3] 북한의 경우 핵국가 지위가 공식 인정된다면, 이는 국제체제 안에서 하나의 정상화 과정을 초래할 수 있으며, 이는 서구가 주도하는 자유주의 국제질서의 규범적 경계를 잠식할 수 있다.

불인정을 고수하는 것은 단지 비핵화 규범을 유지하기 위함만이 아니라 '원치 않는 정체성'이 체제에 통합되는 것

3 Avner Cohen, *Israel and the Bomb* (New York: Columbia University Press, 2010), p. 343.

을 차단하기 위함이기도 하다.[4] 즉 구성주의 관점에서 북한의 불인정은 국제사회가 북한에게 부여한 '탈선한 행위자' 정체성을 재생산하는 행위이다. 반면 인정은 이러한 정체성의 전환 심지어는 점진적 완화를 촉진할 수 있다. 그럼에도 인정의 스펙트럼이 절대적이지 않고 단계적일 수 있다는 주장도 가능하다. 부분적 인정은 전략적 현실을 일부 수용하면서도 규범적 정당성은 제한할 수 있다.[5] 이 접근 방식은 핵규범 시스템의 완전 붕괴를 방지함과 동시에 북한과의 대화의 문을 열어줄 수 있다. 구성주의 이론에서 이런 회색지대는 종종 외교적 돌파구 및 의미 변화의 기회를 제공한다.

3. AI 시대의 의미 변화

인공지능이 국제정치에 미치는 영향은 의사결정 메커니즘의 자동화에만 국한되지 않는다. AI는 데이터 흐름을 통제함으로써 어떤 위협이 우선시되는지, 어떤 행위자가 '합

4 Alexander Wendt, *Social Theory of International Politics* (Cambridge: Cambridge University Press, 1999), p. 258.

5 Linus Hagström and Magnus Lundström, "Overcoming US-North Korean Enmity: Lessons from an Eclectic IR Approach," *The International Spectator,* Vol. 54, Issue 4(2019), pp. 97-101.

리적'으로 간주되는지, 어떤 행동이 정당화되는지를 규범적으로 재형성한다. 이 맥락에서 AI 기반의 투명성, 분석, 예측 체계는 북한과 같은 폐쇄적 정권의 인식에서 새로운 패러다임을 창출할 수 있다.

AI 시스템은 위협 분류를 할 때 인간 인식보다 더 중립적이고 계산 가능한 결과를 도출할 수 있다.[6] 이는 규범적 편견을 재구조화할 수 있는 여지를 제공한다. 예를 들어, AI가 모델링한 위험 지도는 북한의 핵능력이 지역에 미치는 영향을 수치화하여 분석함으로써, 국제사회의 의사결정자들이 보다 기술적이고 계량적인 데이터를 바탕으로 입장을 정할 수 있게 한다. 또한 AI 기반 외교 분석 시스템은 국가 간 담론의 언어를 분석해 한 국가의 외교정책의 일관성, 공격성 수준, 의도를 평가할 수 있다. 이러한 시스템이 북한에 적용된다면, 전통적 정보 기반 인식을 넘어 보다 객관적인 외교적 프로필을 제시할 수 있다. 따라서 이 국가에 대한 인정 또는 불인정 결정도 보다 투명한 논리에 기반해 정당화될 수 있다.

AI 기반 사이버 시스템은 핵 지휘통제 체계의 안전성과 투명성에 대해서도 새로운 문제를 제기한다. 북한의 디

6 Mary L. Cummings et al., *Artificial Intelligence and International Affairs* (London: Chatham House, 2018), p. 14.

지털 인프라 취약성과 폐쇄성은 AI 시대 핵 안보 리스크를 더 복잡하게 만든다. 이는 인정에 대한 구조적 저항을 강화하는 요인이 될 수 있다. 그러나 동시에 이러한 폐쇄성은 AI 기반 외부 관찰을 통해 보다 정밀하게 모델링될 수 있는 가능성을 열어준다. AI 시대는 외교적 메시징, 시뮬레이션, 전략적 의사소통을 더욱 예측 가능하고 계량 가능하도록 만든다. AI 지원 게임이론 모델은 다양한 인정 시나리오의 전략적 영향을 예측할 수 있다.[7] 예컨대 북한이 완전 인정될 경우, 한국의 군사 전략이 어떻게 변화할지, 중국의 지역적 태도는 어떻게 형성될지를 AI로 시뮬레이션할 수 있다.

마지막으로, AI는 국제사회 내 정보 생산과 공유에서 새로운 규범을 형성하고 있다. 지식의 중앙집중성이 감소하면서 외교 담론에서 대안적 시각들이 확산될 수 있다. 이는 북한이 '위협'으로 코드화되는 것이 절대적 규범이 아니라 변화 가능한 의미 영역임을 시사한다. AI는 이러한 의미 영역을 재구조화하는 역량을 통해, 인정·불인정 논의의 이론

---

7 Murali Krishna Pasupuleti, "Strategic AI: Game Theory and Reinforcement Learning for Global Diplomacy," *International Journal of Academic and Industrial Research Innovations*, Vol. 4, Issue 11 (November 2024), pp. 122-125.

적 논점들을 현실적인 결과물로 가시화할 수 있다.[8]

4. 결론

구성주의 접근은 북한의 핵 지위 결정을 단순한 안보 차원을 넘어, 규범적·의미 구성의 관점에서도 접근할 필요성을 제시한다. AI 시대에는 의사결정과 규범 생성 과정이 디지털 인프라와 밀접히 연계된 환경에서, 북한의 핵 지위는 전통적인 '인정/불인정'의 이진법적 구도에서 벗어나 보다 복합적이고 의미가 부여된 영역으로 이동하고 있다. 따라서 '부분인정'과 같은 중간 지점은 핵 규범 체계를 훼손하지 않으면서도 억지력을 무시하지 않는 실용적 해결책을 제공할 수 있다. 궁극적으로 이 논의의 핵심은 단순히 '북한이 무엇을 보유했는가'가 아니라 '북한이 어떻게 인식되어야 하는가'라는 질문에 답하는 것이다.

8 Andrea Baronchelli, "Shaping New Norms for AI," Cornell University Archive arXiv, (2023), https://arxiv.org/abs/2307.08564.

참고문헌

1. 단행본

Cohen, Avner. *Israel and the Bomb.* New York: Columbia University Press, 2010.

Cummings, Mary L. et al. *Artificial Intelligence and International Affairs*. London: Chatham House, 2018.

Potter William C. and Gaukhar Mukhatzhanova. *Nuclear Politics and the Non-Aligned Movement*. New York: Routledge, 2012.

Wendt, Alexander. *Social Theory of International Politics*. Cambridge: Cambridge University Press, 1999.

2. 논문

Baronchelli, Andrea. "Shaping New Norms for AI." Cornell University Archive arXiv. 2023. https://arxiv.org/abs/2307.08564.

Hagström, Linus and Magnus Lundström. "Overcoming US-North Korean Enmity: Lessons from an Eclectic IR Approach." *The International Spectator.* Vol. 54, Issue 4, 2019, pp. 94-108.

Pasupuleti, Murali Krishna. "Strategic AI: Game Theory and Reinforcement Learning for Global Diplomacy." *International Journal of Academic and Industrial Research Innovations*. Vol. 4, Issue 11, November 2024, pp. 122–130.

Wendt, Alexander. "Anarchy is What States Make of It: The Social Construction of Power Politics." *International Organization*. Vol. 46, No. 2, Spring 1992, pp. 391-425.

AI 시대 북한 핵 인정,
미국이 바뀌나, 북한이 바뀌나?

최동석 (난정평화교육원)

1. AI 시대 국제정치의 특징[1]

AI 시대는 인공지능(Artificial Intelligence, AI)이라는 새로운 기술의 개발에 따라 도래하였지만, 단순히 새로운 기술의 도입과 그에 따른 산업의 변화라는 차원에만 머무르지 않는다. AI 시대는 기술과 산업을 넘어 국제정치에서도 새로운 변화를 강제하고 있다. AI 시대 들어 국제정치는 권력, 윤리, 안보, 규범 등 총체적인 면에서 재편되고 있다. 따라서, AI 기술 발전은 평화를 증진할 수도, 갈등을 심화시킬 수도 있으며, 기술을 둘러싼 국제협력과 규제 체계 구축 등이 핵심 과제가 되도록 강제하고 있다.

AI 시대 국제정치의 주요 특징을 살펴보면 다음과 같이

---

1 2025년 6월 23일 챗GPT를 활용, 참고하여 작성했다. https://chatgpt.com/share/68596804-d8d0-800d-986a-2d4d4278ea5f

분류할 수 있다.

첫째, 권력이 재구성되고 있다. 국제정치 권력의 핵심은 전통적으로는 군사력과 경제력이었으나 AI 시대에는 데이터 수집 능력과 AI 기술 개발 역량으로 변해가고 있다. 이에 따라 미국의 챗GPT, 중국의 딥시크 등 기술 패권 경쟁이 심화되고 있다. AI 시대에는 과거 그 어느 때보다 기술력이 외교와 안보에 미치는 영향이 커지고 있다.

둘째, 의사결정의 자동화가 심화되어 그에 따른 윤리적 문제가 발생하고 있다. AI 기술 개발에 따라 신속하고 방대한 정보 처리가 가능해지고 있다. 따라서 복잡한 외교, 안보, 통상 등의 문제에 AI 활용이 증가하여 의사결정의 자동화가 심화될 것으로 예상된다. 문제는 AI를 활용한 의사결정 후 정책 실패의 결과가 나타나거나 부적절한 군사 충돌이 발생하는 경우 책임소재가 불분명해질 우려가 있다는 데 있다. 예를 들면, 자동화된 드론의 공격이 전투와 무관한 민간인의 피해를 발생시킨 경우, 책임소재가 불분명해진다면 그러한 공격은 반복될 가능성이 커진다.

셋째, 무기체계가 변화하면서 '킬러 로봇' 논쟁이 발생하고 있다. 인간의 개입 없이 AI가 적을 식별하고 공격하는 무기가 등장하고 있어 민간인에 대한 불필요한 공격, 전투원에 대한 과잉 공격 등의 문제가 발생하고 있는데 이는 국제법과 인도주의 원칙에 반한다. AI 기술은 민간, 군용 겸용 기술이 많으며 전통적인 무기 체계에 비해 매우 저렴하게 개발, 생산할 수 있어 테러단체와 같은 비국가 행위자가 쉽게 접근할 수 있게 된다.

넷째, 사이버 안보와 정보전이 중요해지고 있다. AI 기술을 활용한 해킹, 위협 탐지 등 사이버 공간에서 경쟁과 갈등이 심화되고 있다. 아울러 AI 기술을 활용한 가짜뉴스, 딥페이크 등을 활용한 심리전, 여론조작 등이 용이해져 다수 국가에 위협이 되고 있다.

다섯째, 국제규범 및 거버넌스 구성의 필요성이 증대되고 있다. AI로 인한 긍정적인 효과도 있지만, 부정적인 효과 역시 무시 못할 정도로 나타나고 있다. 그러나 이를 규제할 국제규범은 미비하다. AI 기술의 특성상 이를 규제할 규범은 개별 국가 단위에서뿐만 아니라, 세계적인 차원에서도 반드시 필요하다. 아울러 AI 기술은 국가 외에도 기업, NGO 및 개인들의 참여가 필요하므로 거버넌스가 구성되어야 한다.

여섯째, 기술 개발 격차와 디지털 불평등이 심화되고 있다. AI 기술 개발의 격차는 날로 심화되고 있으며, 이 격차는 군사력, 경제력에도 직접 영향을 미쳐 국제정치의 비대칭성이 확대되고 있다. 기술 개발의 격차는 후발 주자들이 선발 주자에게 종속될 가능성을 높이기 때문에 디지털 불평등이 심화되고 있다.

2. AI 시대 국제정치 체제의 변화

과거 냉전 시대와 냉전의 해체 이후부터 21세기 초반까지는 다양한 분야의 첨단 기술에 토대를 둔 제조업 중심의 대규모 생산 체계에 기반한 군사력의 수준이 국력의 가늠자였다. 몇몇 분야의 첨단 기술만 갖고 있거나 대규모 생산 체계를 갖지 못한 국가들은 막강한 군사력을 보유하기 어려웠다. 그에 따라 냉전 시대에는 미국과 소련이 자본주의 진영과 사회주의 진영의 최강대국 역할을 하는 양극체제가 구축되었고, 소련의 몰락에 따른 냉전 해체 이후에는 미국 중심의 단극체제가 형성되었다.

그런데 AI 시대에 들어서 이러한 국제정치 체제가 변하고 있다. AI의 핵심 기술을 미국이 독점하지 못한 채 중국이 추격하면서 AI 분야에서 미국과 중국이 대립하는 양강 대결 구도가 형성되고 있다. 세계 여러 국가에서는 Sovereign AI[2]를 내세우며 독자적인 AI 기술 개발을 추진

2 Sovereign AI는 자체 인프라, 데이터, 인력 및 비즈니스 네트워크를 사용하여 AI를 구축하는 국가의 역량을 의미한다. NVIDIA Korea, "소

하고 있다. 비국가 행위자들의 AI 기술 개발도 활성화되고 있어, 제조업 중심의 대규모 생산 체계를 갖지 못한 기업뿐만 아니라, 테러단체도 손쉽게 AI 기술을 개발, 도입하고 있다. AI 기술을 미국이 독점할 수도 없고, 몇몇 강대국들만 보유할 수도 없는 상황이 벌어지고 있다.

이러한 AI 기술의 확산은 21세기 미국의 경제력 약화와 맞물려 미국 중심의 단극체제를 허물고 있다. BRICS로 대표되는 비서방 국가 간 협력체계가 확산, 강화되어, BRICS는 미국을 중심으로 한 서방 선진국들을 대표하는 G7을 인구수와 경제 규모(PPP 기준 GDP)에서 추월[3]하기도 하였다.

바야흐로 AI 시대는 미국 중심의 일극 체제를 넘어 다극화된 세계 체제를 촉진하고 있다.

버린 AI(Sovereign AI)란?" NVIDIA, 2024.3.4. https://blogs.nvidia.co.kr/blog/what-is-sovereign-ai/ (검색일: 2025.8.9.)

3 BRICS와 주요 7개국(G7)의 PPP 기준 GDP 비교에 대해, 연구자 간에 일부 차이는 있으나 BRICS가 G7을 추월했다고 보는 견해가 지속적으로 제시되고 있다. 이미정은 2022년 PPP 기준 GDP의 비중을 보았을 때 전 세계에서 G7은 30.39%, BRICS는 31.58%로 BRICS가 역전했다고 보고 있다. 이미정, "새로운 브릭스(BRICS) 시대에 브라질이 추구하는 다극화와 지속가능 발전의 관계," 『EMERiCs 중남미』(세종: 대외경제정책연구원, 2023), pp. 1-2. 박정호 등은 2017년부터 GDP(PPP) 기준으로 BRICS 경제가 G7의 경제 규모를 추월했다고 주장한다. 박정호 외, "러시아의 글로벌 사우스(Global South) 전략과 정책 시사점," 『전략지역심층연구』 24-02(세종: 대외경제정책연구원, 2024), p. 106.

3. AI 시대 북한 핵 인정과 불인정의 의미

2023년 9월 북한은 최고인민회의 제14기 제9차 회의에서 헌법을 개정하여 핵무력 정책을 헌법에 명시했으며 이를 통해 북한은 핵보유국으로서의 지위를 법적으로 공식화하였다.[4] 따라서 기존에 북한과 외교관계를 수립하지 않은 국가들, 특히 미국이 북한의 핵을 인정한다는 것은 핵무기라는 대량살상무기의 보유를 인정한다는 의미를 넘어 북한이라는 국가를 국제사회의 일원으로 인정하는 의미를 갖게 되었다.

그런데 AI 시대가 촉진하는 세계는 다극화된 세계 체제이다. 미국 중심의 일극 체제 시대에는 미국으로부터의 인정 여부가 국가의 생존과 발전에 중요한 요인으로 작용하였다. 반면, AI 시대가 촉진하는 다극화된 새로운 세계에서는 미국으로부터의 인정 여부가 국가의 생존과 발전에 미치는 영향력이 과거보다 상대적으로 적어지고 있다. 북한으로서는, 미국이 북한 핵이나 국가로서의 북한을 인정하

4 조선민주주의인민공화국 사회주의헌법 제58조에 따르면, 조선민주주의인민공화국은 국가방위에서 전인민적, 전국가적방위체계에 의거한다. 조선민주주의인민공화국은 책임적인 핵보유국으로서 나라의 생존권과 발전권을 담보하고 전쟁을 억제하며 지역과 세계의 평화와 안정을 수호하기 위하여 핵무기발전을 고도화한다. 국가정보원, 『北韓法令集 上』, 2024, p. 41.

지 않는다고 하더라도, AI가 촉진하는 다극화된 세계 체제에서는 다른 활로를 통해 국가의 생존과 발전을 도모할 수 있게 되었다.

대표적인 사례가 최근 북한과 러시아와의 관계이다. 2024년 6월 김정은과 푸틴이 정상회담을 개최하여 합의한 '포괄적인 전략적 동반자 관계 조약'이 2024년 12월 발효되었다. 규모와 수준이 정확히 확인되지는 않지만, 북한이 러시아에 군사적인 지원을 하고 러시아는 북한에 경제적, 기술적 지원을 하는 것으로 추정된다.[5] 김정은-푸틴 정상회담 개최 이전인 2024년 3월 러시아는 UN 안보리 상임이사국의 지위를 활용하여 대북제재위원회 전문가패널의 활동 연장을 막아 북한에 대한 UN 차원의 제재를 무력화시킨 바도 있다. 미국 중심의 일극 체제에서는 불가능해 보였던 일들이 벌어지고 있다.

북한의 핵이 미국으로부터 인정받게 되면 북한은 미국을 중심으로 한 서방 세력과 정상적인 외교 관계를 수립할 수 있다. 그렇게 되면 북한은 자유민주주의 국가들과 통상을 추진하게 되어 국가의 생존과 발전을 위해, 경제의 시장화

---

5 "북러, 파병·무기거래는 물론 경제교류도 활발," 『통일뉴스』, 2025. 5.29. https://www.tongilnews.com/news/articleView.html?idxno=213595 (검색일: 2025.8.6.)

를 의미하는 '개혁', '개방'의 길로 나아갈 수도 있을 것이다.

과거 미국 중심의 일극 체제에서 미국으로부터 인정받지 못한다는 것은 단순히 '개혁'과 '개방'을 하지 못하는 것이 아니라, 국가의 생존과 발전이 심각한 장애를 만나는 것을 의미했다. 그러나 AI 시대에는 미국 중심의 일극 체제가 해체되고 다극화되어 가고 있기에 북한의 핵이, 북한이라는 국가(조선민주주의인민공화국)가 미국으로부터 인정받지 못하더라도 과거와는 다른 상황을 맞이할 수 있다. 즉, 북한으로서는 굳이 '개혁'과 '개방'을 하지 않더라도 비서방 세력과의 협력을 통해 활로를 찾을 수 있고, 자국의 가장 큰 과제 중 하나인 경제발전을 추진할 일정한 동력을 얻을 수 있게 된다.

4. 호네트의 인정 유형과 북한 핵 인정

북한의 핵을 '인정'한다는 것은 하나의 유형만 가능한 것은 아니다. 호네트는 『인정투쟁: 사회적 갈등의 도덕적 형식론』에서 상호주관적 인정의 유형을 사랑, 권리, 연대로 구분하였다.[6] 호네트의 상호주관적 인정 유형 이론을 적용

6 악셀 호네트, 문성훈·이현재 옮김, 『인정투쟁: 사회적 갈등의 도덕적 형식론』(서울: 사월의책, 2011), pp. 183-249.

하면 북한 핵을 인정할 수 있는 다양한 유형을 알 수 있게 된다.

첫째, '사랑'의 유형으로 북한 핵을 인정할 수 있다. '사랑'의 유형은 국가와 국가 간 애착관계를 형성하여 인정하는 유형이다. 북한과 동족 관계인 남한이라면 가능할 수도 있겠으나 그 외의 국가가 '사랑'의 유형으로 북한 핵을 인정하기는 쉽지 않을 것이다.

둘째, '권리'의 유형으로 북한 핵을 인정할 수 있다. '권리'의 유형은 특정 국가를 주권을 가진 존재로서 인정하는 유형이다. 북한도 주권을 가진 하나의 국가이며 자위권을 갖출 필요가 있다는 점을 미국이 인정할 수 있다면 가능할 것이다.

셋째, '연대'의 유형으로 북한 핵을 인정할 수 있다. '연대'의 유형은 특정 국가가 추구하는 가치에 동의할 수 있다면 인정하는 유형이다. 북한의 대외노선인 자주, 평화, 친선이라는 가치와 반제, 반미 등의 가치에 미국이 동의한다면 북한 핵을 인정할 수 있을 것이다.

미국은 북한 핵을 어떤 유형으로 인정할 수 있을 것인가? '사랑'의 유형은 미국이 북한과 애착관계를 형성할 간한 사회문화적 기제가 없으므로 쉽지 않을 것이다. 가능한 유형은 '권리'와 '연대'의 유형이다.

'권리'의 유형으로 미국이 북한 핵을 인정하기 위해서는 미국이 변해야 한다. 미국이 북한을 주권을 가진 존재이며 자위력을 갖출 필요가 있는 존재라고 인정하는 방향으로 변해야 가능하다.

'연대'의 유형으로 미국이 북한 핵을 인정하기 위해서는 북한이 변해야 한다. 북한이 내세우는 대외노선 중 반제, 반미라는 가치는 현실의 미국을 인정하지 않는다는 의미이기에 이 가치를 북한이 바꾸지 않는 한 미국이 북한 핵을 인정하기는 쉽지 않을 것이다.

5. 결론

미국이 북한 핵을 인정한다는 것은 미국이 북한을 국제사회의 일원으로, 자국과 대등한 국가로 인정한다는 의미를 갖는다.

과거 미국 중심의 일극 체제 시대에 북한은 미국으로부터 인정받지 못하여 국가로서 생존과 발전을 추진하는 데 큰 어려움을 겪었다. 그러나 AI 시대는 미국 중심의 일극 체제를 다극 체제로 변화시키고 있어 상황이 바뀌고 있다.

북한으로서는 미국으로부터 핵보유를 인정받아 관계를 정상화한다면 생존과 발전에 필요한 자원을 도입할 수 있으며 '개혁'과 '개방'의 길로 나아갈 가능성도 있다. 그러나 AI 시대를 맞아 북한은 미국으로부터 핵보유를 인정받지 않고서도 생존과 발전에 필요한 일정한 동력을 얻을 수 있게 되었다. 미국이 북한의 핵을 인정하지 않더라도, 북한으로서는 생존과 발전을 도모하면서도 굳이 '개혁'과 '개방' 노선을 취할 필요가 없게 되었다.

북한 핵에 대한 미국의 인정은 호네트의 상호주관적 인정 유형 중 '권리'와 '연대'의 유형으로 가능하다. '권리'의 유형으로 미국이 북한의 핵을 인정하기 위해서는 미국의 변화가, '연대'의 유형으로 미국이 북한의 핵을 인정하기 위해서는 북한의 변화가 필요하다.

2

인정의 당위에 관한 주장

북한 핵 불인정, 전략적 안정성을 흔들다

노지원 (한겨레신문)

조선민주주의인민공화국(이하 북한)이 2017년 핵무력 완성을 선언한 뒤 약 8년이 지났다. 하지만 미국을 비롯한 국제사회는 여전히 북한을 핵보유국으로 인정하지 않는다. 기술적 관점에서 볼 때 북한을 핵보유국으로 인정할 수 있을 정도로 핵능력이 고도화되어 있는지 여부와는 별개로 2025년 현재는 물론, 가까운 미래에도 서방 강대국을 위시한 국제사회가 북한의 핵보유를 공식적으로 인정할 가능성은 매우 낮은 상황이다.

그렇다면 인공지능(이하 AI) 시대에 북한을 핵국가로 인정하지 않는다는 것은 어떤 의미일까. 현 시점에 미국 영토를 타격할 수 있는 대륙간탄도미사일(ICBM) 개발에 성공한 북한을 핵보유국으로 인정하지 않는다는 것은, 특히 현재 우리가 직면하고 있는 AI 시대에서 국제사회의 전략적 안정성[1]을 상당히 위협할 가능성이 있다. 그 이유는 다음과 같다. 첫째, 북한을 핵국가로 인정하지 않는다는 것은 북한의 핵 개발을 용인하지 않는다는 것과 다르지 않은 가운데, AI 기술로 수집한 정보에 오류나 조작이 포함될 경우, 오인 및 오판으로 인한 위기 고조 가능성이 커진다. 둘째, 미국이 최근 이란의 핵시설을 타격한 것처럼 자신들이 지속적으로 개발 중인 고도화된 AI 기술을 활용해 북한을 타격할 가능성을 배제할 수 없다는 점이다.

반대로 북한을 핵국가로 인정할 경우, 양쪽의 충돌 가능성은 줄어들 것이라고 생각한다. 미국, 중국 간 상호확증파괴에 따라 억지력이 발생해 전쟁 가능성이 현저히 낮아지는 것처럼, 북-미 간 전략적 억지 체제가 형성돼 오판이나 오인으로 인한 충돌 가능성도 낮아질 수 있다. 현재 P5 국가(유엔 안전보장이사회 상임이사국 5개국)는 전략적 안정성을 유지하고, 핵 위험 완화, 군비통제 논의, 비확산 체제를 유지하기 위해 서로 공식, 비공식적으로 정보를 공유한다. 서로의 핵능력을 인정하고 있기 때문에 일정 수준의 신뢰와 투

---

1 전략적 안정성이란, 국가들이 선제 공격을 하지 않도록 억제(deterrence)가 효과적으로 작동하는 것을 뜻한다. 오판이나 우발적 충돌이 발생하지 않는 안정된 상태다. 한쪽이 먼저 핵공격을 할 경우 이에 대한 확실한 보복, 곧 2차 타격이 이뤄진다는 인식 아래 '평화'가 유지되는 것이다.

명성을 바탕으로 군비 통제 및 위험 감소 논의를 지속할 수 있다.

북한이 실제로 핵을 보유하고 있는지 여부보다 더 중요한 것이 있다. 북한이 실제로 핵을 사용할 수 있는지, 그리고 외부 세계가 북한이 핵을 실제로 사용할 의지를 가지고 있다고 믿는지가 관건이다. 북한이 중국, 러시아처럼 핵을 사용하지 않을 것이라는 믿음이 공고해진다면 북한이 더 이상 핵무기를 숨기고 있는지 아닌지 여부는 논란거리가 되지 않는다.

물론 이러한 주장이 현실적으로 가능할지 여부는 별도로 따져봐야 할 문제다. 미국이 북한의 핵보유를 사실상 비공식적으로는 인지, 인정한다고 하더라도 이를 공식적으로 인정할 수 있는지는 다른 차원의 문제인 까닭에서다. 북한의 핵보유를 인정할 경우 이란 등 다른 적성국가의 핵보유 또한 인정하지 않을 수 없다. 한국이나 일본과 같은 동맹국을 비롯한 전세계 각국이 자기들도 핵을 갖겠다고 나서며 핵 도미노 현상을 유발할 수도 있다. 하지만 인도, 파키스탄, 이스라엘처럼 P5 외에 사실상 핵보유를 인정받고 있는 국가들이 존재한다는 점을 고려하면 북한에 한해 핵보유를 인정하는 것이 아예 불가능한 것은 아니다. 특히 이것이 핵군축을 위한 인정일 경우 오히려 바람직하다고 볼 수 있다.

북한을 핵보유국으로 인정하지 않는 것은 미-북 관계뿐 아니라 남북관계의 전략적 안정성도 파괴할 수 있다. 최근 AI 기술을 활용한 이른바 '딥페이크'라고 불리는 조작된 사진이나 정보가 제3국이나 비국가단체 등에 의해서 확산될 우려가 커지고 있다.[2] 허위 정보가 '첩보'로 둔갑해 외교, 안보 분야에서 불필요한 비용을 일으킨다. 불필요한 군사력 증강 등이 이뤄질 수 있다. 이는 군비통제라든지 경제협력 등 발전적 논의를 저해한다는 측면에서 소모적이고 낭비가 아닐 수 없다.

보다 우려되는 것은 북-미 간 밀착을 극도로 경계하는 중국 등이 전략적으로 미국이나 북한의 '오판'을 유도할 수 있는 가짜 정보를 흘릴 가능성도 다분하다는 점이다. 중국이 북-미 양쪽에 허위정보를 흘려 전략적 오판을 유도하는 정보전을 펼칠 가능성도 배제할 수 없다. Baele[3]에 따르면, 생성형 인공지능은 국가 간 정보전에 질적, 양적인 변화를 가져온다. 예컨대 정보전에 활용되는 딥페이크 콘텐츠

---

2 Stephane J. Baele et al., "AI IR: Charting International Relations in the Age of Artificial Intelligence," *International Studies Review*, Vol. 26, Issue 2 (June 2024), pp. 12-16.

3 Stephane J. Baele et al., "AI IR," pp. 12-16.

의 경우 정밀도가 매우 높아 인간이 진위를 구별하기 어려운 정도로 진화했으며, 소수 인원만으로도 막대한 양의 가짜 콘텐츠를 대량 생산할 수 있다. 더 큰 문제는 정보 환경이 이렇게 딥페이크로 포화돼 있을 경우 실제 콘텐츠 사이에 존재하는 조작된 정보를 탐지해내는 것은 매우 어렵다는 점이다. 이를 통해서 딥페이크는 상대국에 전략적 오판을 유도할 수 있게 된다. 최악의 경우 인공지능 기술이 상대적으로 부족한 북한이 잘못된 정보에 기반해 오판을 하고 미국을 도발할 가능성도 배제할 수 없다. Nadibaidze와 Miotto[4]의 연구에 따르면, AI의 이러한 불안정성은 국가의 2차 타격 능력에 대한 신뢰를 떨어뜨릴 수도 있다. 미국이 북한의 2차 타격 능력을 신뢰하지 않을 경우, 이는 전략적 안정성을 깨뜨리고 나아가 전쟁을 유발할 수 있다.

과거에도 그리고 현재도 북한에 대한 정보는 상당히 제한적이다. 그동안 국제사회가 부과한 대북 경제 제재는 서구 강대국의 기대와는 달리 북한 정권을 붕괴시키는 데에 실패했다. 수십 년 동안 이뤄진 북한의 핵능력 고도화도 막

4 Anna Nadibaidze and Nicolo Miotto, "The Impact of AI on Strategic Stability is What States Make of It: Comparing US and Russian Discourses," *Journal for Peace and Nuclear Disarmament*, Vol. 6, No. 1 (2023), pp. 47-67.

지 못했다. 이는 대북 정보 자체가 충분하지 못한 데 따른 전략 실패라고 생각한다. 이런 상황에서 미국 등 AI 기술 개발에 박차를 가하는 선진국들은 기술을 개발하면 할수록 자기들이 북한의 군사 능력을 잘 파악할 수 있다고 믿을지 모른다. 하지만 이는 매우 위험하다. AI가 수집하는 정보량이 많아질수록 오류와 허위 정보의 혼입 가능성도 커지기 때문이다. 인공지능에 대한 각국의 의존도는 더 심해지는 한편, 정확도는 떨어질 수 있는 역설적인 상황이 발생하는 셈이다.

제한적인 정보와 아직 부족한 기술 개발로 인한 문제는 북한의 경우 더 심하게 겪고 있을 수 있다. 북한은 현재 민간, 산업, 군사 분야 전반에 걸쳐 AI 기술을 의도적으로 활용하고 있다. 북한은 1990년대부터 연구를 장려했고, 2019년에는 북한 헌법 제26조에 정보화를 경제 목표로 반영했으며, 2013년에는 AI 연구소를 설립하고 정보산업성 산하로 확대하며 정부 주도 개발을 가속화하고 있다. 특히 2022년에는 강화학습을 활용한 전투게임, 워게임 시뮬레이션 연구를 했으며, 위성 영상 분석까지 다양한 분야에서 활용할 수 있도록 AI 기술을 개발 중이라고 알려져 있다.[5]

5 Hyuk Kim, "North Korea's Artificial Intelligence Research: Trends and Potential Civilian and Military Applications," 『38 North』,

하지만 인적, 물적 자원 등 부족으로 미국 등 강대국의 역량에는 미치지 못하는 수준일 가능성이 크다. 이 또한 글로벌 안보를 위협할 수 있는 한 요소다. 미국 등 국제사회가 이러한 불확실성을 그대로 두는 것은 언제 터질지 모르는 폭탄을 안고 있는 것과 다르지 않다.

Bas와 Schub[6]는 전쟁 결과에 대한 '불확실성'이 클수록 국가들이 더 신중해지면서 전쟁을 피하려는 경향이 있다고 주장했다. 각국이 상대에 대한 정보 부족을 인정할 경우 그 결과가 가져올 피해 규모도 예상하기 어렵기 때문에 더 조심하고, 협상을 모색하는 쪽으로 움직일 수 있다는 얘기다.

결론적으로 AI 시대의 전략적 안정성을 위해서는 북한을 사실상 핵보유국으로 간주하고, AI 기술을 적극 활용해 군축 및 군비통제 체계를 강화하는 것이 중요하다. AI는 위성 및 감시 영상 해석, 드론 모니터링 등 검증, 추적의 기술적 도구로 활용될 수 있고, 특히 국제원자력기구나 유엔 구

2024.1.23. https://www.38north.org/2024/01/north-koreas-artificial-intelligence-research-trends-and-potential-civilian-and-military-applications/

6 Muhammet A. Bas and Robert J. Schub, "How Uncertainty about War Outcomes Affects War Onset," *Journal of Conflict Resolution*, Vol. 60, No. 6 (2016), pp. 1098-1128.

기 규제 기관 등에서 검증 기능을 강화하는 데 유용하다.[7]

7 Niklas Schörnig, "AI for Arms Control: How Artificial Intelligence Can Foster Verification and Support Arms Control," Peace Research Institute Frankfurt 『PRIF Spotlight』, 2022. https://www.prif.org/fileadmin/Daten/Publikationen/PRIF_Spotlights/2022/PRIF_Spotlight_1_2022_barrierefrei.pdf

AI 시대적 북한의 핵국가 인정 의미

박훈 (민족통일협의회)

1. 서론

AI(인공지능) 시대에 북한(조선민주주의인민공화화국, DPRK)의 핵국가 인정 여부에 대해, 국제법과 대한민국 헌법의 내용에 기초하여 우선 검토한다. 이어 국제기구의 입장 차이와 국제법적인 기준, 주요 국가 간의 외교 문제 등 대한민국의 헌법과 정부의 입장에서 북한의 핵국가 인정여부에 대해 살펴본다. 이와 함께 북한의 핵 인정 여부에 관련된 전략적 함의에 대해 분석한다. 이에 대한 관점을 북한 핵을 인정하지 않음, 인정할 수 없음, 부분적으로 인정, 이렇게 세 가지로 구분해 보고 AI 기술 발전이 미치는 영향과 우리의 태도와 방향에 대해 살펴본다.

2. 본론

1933년 체결된 몬테비데오 협약에 따르면, 국가로 인정되기 위한 요건은 영구적인 인구, 명확한 영토, 정부, 외교관계 및 능력 등이고, 북한은 현재 이 요건들을 충족하고 있고 국제법상 국가로 자리잡고 있다.[1] 또한, 북한은 1991년 9월 17일 대한민국과 함께 유엔 정회원국으로 가입했고 세계보건기구(WHO), 유네스코(UNESCO) 등 다양한 국제기구의 정식 회원국으로 활동하고 있으며 현재 유엔 결의에 따라 제재를 받고 있다.[2] 그리고 2023년 기준 약 150개국이 북한과 외교관계를 수립하고 있고 약 50개의 재외공관을 운영하고 2025년 현재는 더 증가했을 것으로 보인다.[3] 하지만 대한민국은 헌법상 북한을 독립 국가로 인정하지 않고 분단 상황에 기반한 특수한 관계를 유지하고 있다. 대한민국 헌법 제3조가 '대한민국의 영토는 한반도

---

1 이혜영, "국제법상 국가의 성립요건 재고찰: James Crawford와 Jure Vidmar의 규범적 대안을 중심으로," 『국제법평론』 제49호(2018), pp. 55-58.

2 김근식, "북한의 유엔외교: 유엔가입 이전과 이후의 비교를 중심으로," 『국제정치논총』, 제41집 제4호(2001), pp. 95-99.

3 "North Korea is closing some diplomatic missions in what may be a sign of its economic troubles," 『AP』, 2023.11.3. https://apnews.com/article/north-korea-closes-diplomatic-missions-sanctions-embassy-7fc7fa4b5f88408af990eab5f6312b8d

와 그 부속도서로 한다'고 규정하고 있기 때문에, 대한민국은 북한 역시 자국의 영토로 간주하고 북한을 국가로 인정하지 않는 것이다.[4] 그러나 1991년 '남북기본합의서'를 통해 남북 상호 체제에 대한 존중과 교류를 약속하고 2000년 이후 정상회담을 통해 실질적 관계를 유지해 왔으며, 헌법상 인정할 수는 없지만 정책적으로는 사실상 인정하는 이중적인 입장을 고수하고 있다.[5] 따라서, 북한은 국제법상 국가로서의 요건과 지위를 가지고 주요 국가들과 외교 관계를 유지하고 국제적으로 국가로 인정되고 있다고 볼 수 있다.

그렇다면 AI 시대의 북한의 핵보유는 21세기 국제정치에서 가장 복잡한 안보 문제의 하나로 손꼽히는데 AI의 군사적 활용이 본격화되면서 기존의 핵억지 이론과 전략에 근본적인 영향을 주고 있는 것을 살펴볼 수 있다.

첫째, 북한의 핵을 인정하지 않는다는 것의 의미를 살펴본다. 북한의 핵보유를 인정하지 않는 것은 북한을 국제법

---

4 법제처 국가법령정보센터, "대한민국헌법" 제3조, https://www.law.go.kr/lsEfInfoP.do?lsiSeq=61603#

5 외교부, "남북사이의 화해와 불가침및교류협력에 관한 합의서 ('91.12.13)," 2012, https://www.mofa.go.kr/www/brd/m_3984/view.do?seq=341000&srchFr=&srchTo=&srchWord=&srchTp=&multi_itm_seq=0&itm_seq_1=0&itm_seq_2=0&company_cd=&company_nm=

과 핵확산금지조약(NPT) 체제의 위반자로 간주하며 외교적 고립과 경제제재를 유지하는 것에 중점을 두고 있다.[6] 이것은 정치적으로 북한은 불법적인 핵무장국으로 예외적 존재로서 그 위치를 갖고 전략적으로는 제재, 고립, 봉쇄 중심의 대응을 유지하며 기술적으로는 AI 기반 정찰, 요격, 사이버 방어를 통해 핵능력을 무력화하는 시도의 의미를 가지고 있다.

둘째, 북한의 핵을 인정할 수 없다는 것인데, 법적으로 국제법과 조약(NPT, UNSC 결의)에 따라 북한을 핵국가로 절대 인정할 수 없는 것이고 군사전략과 안보정책상 북한의 핵 보유를 고려는 하지만 제도적으로 핵국가라는 지위를 인정할 수는 없는 것이다.[7]

셋째, 북한의 핵을 부분적으로 인정한다는 것은 북한이 실질 핵보유국이라는 기정사실을 인정하고 이에 대한 통제와 관리를 유지한다는 의미로 해석될 수 있다. 이것은 북한의 통제된 핵보유 상태를 사실상 수용하는 것이고 이에 따라 비핵화 협상이라는 외교전략의 틈새시장을 공략하기

6 김은아, "핵확산금지조약(NPT)상 핵무기 비보유국의 법적 지위에 관한 연구," 단국대 석사학위논문(2012), pp. 5-36.

7 손효종, "북한 전략문화와 핵개발의 전개," 연세대 정치학 박사학위논문(2016), pp. 174-189.

위한 단계적 접근 가능성으로 볼 수 있다.

따라서, 위 세 가지 부분을 고려하여 정리한다면 먼저 북한을 핵국가로 인정하지 않는 것은 불법 핵보유와 북한의 고립을 유지하고 AI로 북한 핵능력에 대한 억제 및 무력화를 시도할 수 있지만 북한의 도발을 유도하거나 대화의 단절을 초래할 수 있는 위험이 있다. 또, 북한을 핵국가로 인정할 수 없는 것은 처한 현실에 대한 반영으로서, 법적 지위에 대한 불인정을 통해 북한에 대해 억제와 통제를 병행하는 전략으로 이중적으로 대응해야 할 필요적인 위험도 있는 것이다. 마지막 북한을 핵국가로 '부분인정'한다는 것은 북한의 실질적인 핵보유를 수용하고 이를 통제한다는 것인데 AI 검증을 기반으로 조건부로 인정하는 것이나 핵의 비확산체제에 대한 훼손에 대한 우려를 안고 있다.

3. 결론

위에서 살펴본 바와 같이, 북한은 핵국가로서 국제사회에서 지위를 가지고 있다. 그리고 핵국가로서 인정 여부는 AI 시대에 단순 외교적 문제보다 국제사회의 질서, 안보, 군사 전략 등 복합적인 차원의 문제라 할 수 있다. 특히, 국제 사회가 북한의 핵을 인정하는지의 여부와 관계없이 AI

기술 발전으로 인해 실질적으로 무력화 또는 위협 증대의 가능성이 모두 열려 있는 것이 현실이다. 따라서, 북한을 사실상의 핵국가로 인정하고 더불어 AI 기반의 전략적 통제 체계를 구축하여 새로운 제한 메커니즘으로 북한의 핵 확산을 제재하고 북한의 핵을 무력화하고 위협을 회피할 수 있는 새로운 에코시스템이 필요할 것으로 사료되고, 이것은 현실적 관점에서 북한의 핵을 인정하고 일정한 범위 내에서 직접적으로 통제하여 지속적 감시와 검증으로 국제적 인공지능 감시 체계를 활성화하는 기술과 제도적 기반을 구축해야 할 것으로 사료된다.[8]

8 김민혁, "북한 인공지능 기술의 군사화와 우리 군의 대응 무기체계 발전 방향 연구," 『한국IT서비스학회지』, 제20권 제1호(2021), pp. 6-9.

참고문헌

1. 국문

1) 논문

김근식. "북한의 유엔외교: 유엔가입 이전과 이후의 비교를 중심으로." 『국제정치논총』. 제41집 제4호, 2001, pp. 91-103.

김민혁. "북한 인공지능 기술의 군사화와 우리 군의 대응 무기체계 발전방향 연구." 『한국IT서비스학회지』. 제20권 제1호, 2021, pp. 29-40.

김은아. "핵확산금지조약(NPT)상 핵무기 비보유국의 법적 지위에 관한 연구." 단국대 대학원 석사학위논문, 2012.

손효종. "북한 전략문화와 핵개발의 전개." 연세대 정치학 박사학위논문, 2016.

이혜영. "국제법상 국가의 성립요건 재고찰: James Crawford와 Jure Vidmar의 규범적 대안을 중심으로." 『국제법평론』. 제49호, 2018, pp. 55-95.

2) 기타 자료

법제처 국가법령정보센터. "대한민국헌법." https://www.law.go.kr/lsEfInfoP.do?lsiSeq=61603#

외교부. "남북사이의 화해와 불가침및교류협력에 관한 합의서('91.12.13)." 2012. https://www.mofa.go.kr/www/brd/m_3984/view.do?seq=341000&srchFr=&srchTo=&srchWord=&srchTp=&multi_itm_seq=0&itm_seq_1=0&itm_seq_2=0&company_cd=&company_nm=

2. 영문

"North Korea is closing some diplomatic missions in what may be a sign of its economic troubles." 『AP』, 2023.11.3. https://apnews.com/article/north-korea-closes-diplomatic-missions-sanctions-embassy-7fc7fa4b5f88408af990eab5f6312b8d

AI 시대의 도래와
북핵 대응 패러다임의 전환

백기철 (조선대학교)

1. 국제정치를 보는 눈, 현실주의+구성주의적 접근

국제정치학에서 현실주의를 최초로 주창한 카(E. H. Carr)는 "있는 그대로의 현실"은 국제정치의 주체가 국가이고 국가는 권력정치에 몰두한다는 것이라고 했다.[1] 후일 월츠(Kenneth Waltz)는 무정부성에 기초해 단일체적 행위자인 합리적 국가가 군사력을 바탕으로 권력투쟁을 벌이는 것으로 국제정치를 집약했다. 현실주의 렌즈는 전쟁, 냉전, 세력균형 등 국제정치의 많은 부분을 설명한다. 물리력과 경쟁은 인간과 인간 사이, 나라와 나라 사이 관계의 근원적 요소에 해당하기 때문이다.

1 박건영, 『처음 만나는 국제정치학』(서울: 사회평론아카데미, 2024), p. 127.

자유주의는 도일(Michael Doyle)의 '민주평화론'이 대표적이다.[2] 공화주의적 대의제, 인권에 대한 헌신, 초국적 상호의존성을 '자유주의적 평화'의 세 기둥으로 제시하면서 "민주주의 국가끼리는 싸우지 않는다"고 했다. 자유주의 핵심 가치인 공화주의적 대의제는 현재로서는 인류가 고안한 가장 합리적 정치체제 중 하나지만 절대적으로 옳다고 할 수 없다. 자유주의는 국제기구, 상호의존 등 여러 국제정치 현상을 설명하지만 가치와 규범을 강조하면서 때때로 변형된 오리엔탈리즘으로 나타난다.

구성주의적 접근은 국제정치가 상호작용으로 구성된 관념으로 이뤄진다고 보지만 특정 이념이나 가치를 내세우지 않는다는 점에서 자유주의와 구별된다. 웬트(Alexander Wendt)는 '사회적으로 구성된 관념적 국제구조'가 국제정치를 구동한다고 했다.[3] 다만 웬트가 '세계국가 불가피론'이라는 논문에서 무기 및 기술 발전과 세계적 상호의존 증가 등 실증주의 인식론을 사용한 점을 주목할 필요가 있다.[4] 국제체제가 서로 간에 구성된 관념과 가치체계에 의해 결과적으로 움직인다 해도 군사력이나 경제력, 즉 물리력

---

2 박건영, 『처음 만나는 국제정치학』, p. 314.

3 박건영, 『처음 만나는 국제정치학』, p. 220.

4 박건영, 『처음 만나는 국제정치학』, p. 212.

이 바탕이 돼 있다고 봐야 한다.

냉전 종식과 관련해 소련이 핵무기를 다량 보유했지만 미국의 스타워스 방위계획에 일방적으로 밀리는 상태였고, 경제적으로 파탄 직전이었다는 것이 적절히 고려될 필요가 있다. 이런 상황이 냉전 종식의 직접적 계기는 아니더라도 고르바초프와 소련이 국제사회와의 상호작용 속에서 새로운 가치와 관념을 형성하는 밑바탕이 됐다고 볼 수 있다. 냉전 종식 등 모든 사안을 현실주의로만 설명할 수는 없지만 그렇다고 구성주의가 모든 것을 설명하지도 않는다. 현실주의적 틀 위에서 구성주의적 접근 태도를 갖는다면 현실을 좀 더 중층적으로 파악할 수 있다.

2. 한반도를 보는 눈

탈냉전 30년 동안 남한 주류 정치권이 추구해 온 자유주의적 대북정책은 실패했다.[5] 다소 차이는 있지만 남한의 진보, 보수 정권이 공유해 온 한반도 비핵화와 남북통일, 정확히는 북한의 핵개발 포기와 남한으로서의 흡수통일 목표는 북한의 사실상 핵보유국 지위 확보로 좌절됐다.

5 차태서, “핵보유국 북한과 살아가기: 탈단극 시대 한반도 문제의 전환과 대북정책 패러다임 변동,” 『국제관계연구』, 제28권 제1호(2023), p. 7.

미국과 한국의 30년 자유주의 대북정책의 뿌리는 냉전 종식의 기점이었던 독일 통일이다. 독일 통일을 자유주의적으로 접근하는 건 사태 전개를 오독하는 것이다. 독일 통일은 서구 중심의 가치나 이념을 가진 서독이 주도적으로 동독을 흡수통일한 것이 아니다. 오히려 동독 주민들이 주도적으로 첫 자유총선을 통해 서독으로 편입하는 방식의 통일을 선택했다. 냉전 종식이 소련이 해체된 1991년이 아니고 소련이 생각을 바꾼 1989년이라는 구성주의자들의 지적[6]은 타당하다. 왜냐면 1989년 동유럽 전반으로 퍼진 민주화를 무력으로 짓밟지 않는다는 고르바초프의 사고 전환이 베를린장벽 붕괴까지 이어졌기 때문이다. 한반도 문제 해결을 위한 이제까지의 자유주의적 접근은 역사적 근거도 별로 없고, 논리적 비전도 갖추지 못했다. 수박 겉핥기 식으로 독일 통일을 따라했을 뿐이다.

남한은 이제 비핵화와 통일이 당분간 달성할 수 없는 목표라는 점을 인정하고 자유주의적 접근에서 벗어나 현실주의와 구성주의로 현 상황을 바라봐야 한다. 우선은 당장의 북한 핵에 대응해 힘에 기초한 평화를 유지하면서 군사적 대치 완화를 모색해야 한다. 이와 함께 한국과 미국은

6 박건영, 『처음 만나는 국제정치학』, p. 209.

북한이라는 정치적 실체를 인정하고 소통을 확대·강화하면서 국제사회로의 편입을 지원함으로써 북한이 자발적으로 자신의 정체성과 이익을 국제사회의 규범에 맞춰 재정의하도록 해야 한다.[7]

3. 북핵, 북한의 인정투쟁

헤겔의 주인과 노예의 변증법을 토대로 국가 간 상호인정을 국제관계의 기본틀로 이해하는 인정이론은 탈냉전 이후 북한의 핵개발 과정을 설명하는 데 유용한 틀이 될 수 있다. 국가의 정체성 형성과 유지에는 국제적 인정이 필수적인데, 국가는 자신이 처한 국제정치적 상황에 따라 다양한 형태의 인정을 목표로 추구한다.

북한은 주권국가임에도 미국에게 테러지원국, 불량국가로 지목되어 통상과는 다른 대우를 받는 상황에서 주권적 존엄성을 인정받기를 원한다.[8] 코펜하겐 학파의 '안보화론'은 국가 주요 행위자가 특정한 대상을 안보를 위협하는 존재로 선언하면서 비상조치 등을 정당화하는 과정을 설명

7 박건영, 『처음 만나는 국제정치학』, p. 25.

8 김진욱·김기정, "무정부 상태에서 국가의 인정(recognition) 추구: 왈츠(Kenneth N. Waltz) 생존담론의 장벽을 넘어서," 『한국정치학회보』, 54집 2호(2020 여름), p. 275.

한다. 미국은 1990년대 초 소련 해체 이후 북한을 동북아 동맹국과 자신에 대한 실존적 위협으로 프레이밍하면서 적대시 정책을 계속했다.

북한의 핵개발은 애초 북미 관계 타개, 즉 북미 간 수교를 위한 인정투쟁 성격이었지만 북미 교착이 장기화하면서 북한이 핵물리력을 실제로 확보하는 상황으로까지 나아갔다. 북한의 핵은 국가로서의 생존을 위한 현실주의적 대처인 동시에 정상국가로서 동북아와 국제사회에서 인정받기 위한 인정투쟁의 방안이었다.

북한 핵을 인정하느냐, 안 하느냐, 부분인정하느냐의 문제는 그간 북한의 핵개발이 갖는 현실주의적, 구성주의적 측면을 동시에 고려하여 논의해야 한다. 현실주의적 측면에서 북한 핵은 남한이 인정하기 어려운 비대칭 무력이라는 점에서 한반도 전체의 비핵화 차원에서 공식적으로 인정하기 어렵다. 그렇다고 북한 핵을 인정하지 않은 채 완전한 비핵화 논리만을 내세울 수 없다. 사실상 북한 핵을 인정하는 선에서 그에 비견할 수 있는 물리력을 확보하기 위한 방안을 강구해야 한다.

북한 핵이 오랜 인정투쟁의 결과물이라면 북핵 문제의 해소 과정에서는 북한과 국제사회가 상호작용을 통해 서로를 바라보는 가치와 관념을 새롭게 형성해 가야 한다. 이

과정에서 북핵 인정 여부는 크게 중요하지 않다. 사실상 인정, 부분 인정, 암묵적 인정 등 어떤 형태든 관계없다. 중국의 핵무기를 남한이 직접적 위협으로 보지 않는 것처럼 북한 핵에 대해서도 실질적 위협으로 보지 않을 정도로까지 나아가는 게 중요하다.

4. AI 시대의 국제정치

인공지능(AI)의 등장이 국제정치, 특히 군사력 분야에 미칠 영향으로는 상호확증파괴에 기초한 핵국가 간의 전략적 안정성을 해칠 가능성, 'AI 혁명'이 소수의 강력한 국가에 집중되면서 국가들 간 'AI 격차'가 크게 확대될 가능성이 제기된다.

AI가 산업혁명에 버금가는 규모의 혁명적 변화라고 보는 전문가들이 많고(AI 연구원 73%의 응답),[9] AI 군사화가 1940~50년대 원자력 기술의 영향과 다르지 않을 수 있다는 시각도 나온다. 2차 대전 이후 핵이 있는 국가와 핵이 없는 국가로 나뉘었듯이 이제는 AI 전쟁능력이 있는 국가

9 Stephane J. Baele et al., "AI IR: Charting International Relations in the Age of Artificial Intelligence," *International Studies Review*, Vol. 26, Issue 2 (June 2024), pp. 1-30.

와 없는 국가로 나뉠 수도 있다는 것이다.

AI로 인한 전략적 안정성과 관련해서는 냉전 초기 핵기술이 미-소 대립의 시작이었듯 미-중 간에 '퍼스트 무버 효과'를 선점하기 위한 AI 경쟁이 본격화하면서 전략적 안정성이 흔들릴 수 있다. 또 AI 기술을 획득한 약소국이나 비핵국가, 비국가 행위자들이 자동결정시스템 등으로 예상치 못한 전쟁을 촉발할 위험성이 있다.

AI 시대는 기술 우위를 가진 강대국과 AI 혁명에서 배제된 아프리카, 아시아, 라틴아메리카 및 카리브해 지역 국가들 간의 불평등을 확대할 수 있다.[10] 이는 인류가 새로운 디지털 제국 시대[11]로 접어드는 것을 의미한다. 서로 경쟁하는 디지털 제국 사이에는 새로운 실리콘 장막이 쳐질 수 있다.

5. AI 시대 북핵 대응 '리셋'

AI 시대로의 빠른 이행이 북한 핵 문제에 어떤 영향을 줄지는 확실치 않다. 우선은 북한의 AI 역량이 문제가 된다. 북한이 AI 역량을 일정 부분 갖추거나 디지털 제국으로

---

10 Stephane J. Baele et al., "AI IR," pp. 1-30.

11 유발 하라리, 김명주 역, 『넥서스』(파주: 김영사, 2024), p. 509.

부상할 가능성이 높은 중국과 밴드왜건 형태의 AI 동맹을 맺는다면 기존 핵에 AI 군사화가 더해져 상당한 입지를 확보할 수 있다.

북한이 AI 격차를 따라잡지 못하고 AI 후진국에 머물 경우 북핵의 전략적 가치는 상대적으로 줄 수 있다. AI로 강화된 지휘 및 통제시스템은 더 빠른 탐지와 최적의 대응패턴을 제공한다.[12] 북한이 AI 군사역량을 제대로 갖추지 못한다면 다른 AI 강국이 북한의 핵 통제 및 사용능력을 불능에 빠트리거나 유사시 선제타격을 가할 가능성이 높다. 북한이 상대할 나라가 미국이라면 AI 군사력의 격차가 커 기존 북한 핵의 전략적 가치는 더 줄어들 가능성을 점쳐볼 수 있다.

대체로 군사 AI에 관한 기존 문헌들은 AI가 새로운 공격 위협을 도입하고 예측 불가능성과 전쟁의 속도를 높이며 AI 경쟁을 조장함으로써 전략적 안정성을 약화 또는 감소시키는 것으로 본다. 하지만 "AI는 진공상태로 존재하지 않으며 그 자체로 게임체인저가 아니다. 전략적 안정성이 미치는 영향은 실제 능력만큼이나 또는 그 이상으로 국가의 기능에 대한 인식에 따라 결정된다. 핵억지력 역시 핵탄

12 Stephane J. Baele et al., "AI IR," pp. 1-30.

두 숫자보다는 상대방의 핵능력과 의도에 대한 인식을 통해 형성된다."[13]

AI 시대 북한 핵의 전망도 한반도를 둘러싼 지정학적 주체들의 대응과 상호작용에 따라 다르게 형성될 수 있다. AI 시대 약자의 틈새전략으로 인한 북핵 위협의 증가로 해석할지, 핵능력에 대한 투명성과 조기대응 체계 고도화에 따른 북핵 위협 감소로 해석할지의 여부는 각 국가들의 판단 영역에 속한다.

북핵 인정 여부와 AI 시대 도래가 직접적으로 연관될지의 여부는 명확치 않다. 북핵 대처는 AI 변수를 적절히 고려해야 하지만 그간의 전개과정만으로도 이제는 새로운 방식을 고민해야 할 때다. 북핵 대처는 이제 현실주의와 구성주의적 접근을 동시에 고려해야 한다. 현실주의 접근으로는 한반도 비핵화를 최종적 비전으로 남겨두되, 단기적으로는 군비통제 협상과 냉전형 억지와 봉쇄라는 임시적 해법을 추구해야 한다. 안보 딜레마를 완화하는 전략적 안정을 당분간 추구해야 한다.[14] 또 북한 핵은 물론 한국과 미

---

13 Anna Nadibaidze and Nicolo Miotto, "The Impact of AI on Strategic Stability is What States Make of It: Comparing US and Russian Discourses," *Journal for Peace and Nuclear Disarmament*, Vol. 6, No. 1 (2023), pp. 47-67.

14 차태서, "핵보유국 북한과 살아가기," p. 34.

국의 재래식 전력도 군비통제의 범위에 포함하는 포괄적 군비통제 협상에 나서야 한다.

이와 함께 “한반도 주변의 홉스적 아나키 문화를 로크적 형태로 전환할 수 있는”,[15] 다시 말해 상대방을 적으로 보는 문화에서 경쟁자로 보는 문화로 전환할 수 있는 구성주의적 접근이 모색돼야 한다. 한국전쟁 종전선언, 미국·일본의 북한 승인, 북미 평화협정 체결, 동북아 안보공동체 구상 등은 한반도의 지정학적 주체들이 상호작용을 통해 새롭게 접근해 갈 수 있는 방안들이다.

---

15 차태서, “핵보유국 북한과 살아가기,” p. 32.

북한이 AI 기반 핵 지휘 통제체계와 극초음속 활강체를 완성한다면?

AI와 극초음속으로 파키스탄을 굴복시킨 인도, 북핵 진화의 예고편

이규정 (국회 부승찬 의원실)

비핀 나랑은 북한의 핵태세를 '비대칭 확전태세'라고 정의했다. 핵무기를 조기에 사용하겠다는 의지를 공개적으로 표명함으로써 상대국의 공격을 억제한다는 전략이다. 그런데 만일, 북한이 AI를 핵무기 지휘 통제체계에 성공적으로 접목하고 극초음속활강체를 활용해 30초 만에 서울에 핵무기를 투하할 수 있는 능력을 확보했다고 하자. 과연, 그런 미래가 올 것인가? 만약 그 미래가 거의 확실하다면, 우리는 무엇을 해야 하는가?

주요 핵보유국들의 AI 기반 핵무기 지휘통제 체계 연구개발 동향은 북한이 어떤 방향으로 나아갈지 힌트를 준다. 연구개발을 통해 주요 핵보유국들이 추구하는 효과는 예

측 가능하며 명백한 경향을 띠고 있다. 핵 대비 태세의 효율성과 반응속도, 데이터 처리 능력에서의 우위를 점하여 국제 핵군비 경쟁에서 주도권을 잡고자 하는 것이다. 최근 미국, 러시아, 중국의 연구개발 동향에서 이러한 흐름이 관측된다.

2025년 1월, ChatGPT 등 대중 서비스에서 안보 분야로 확장 중인 OpenAI는 앨러모스 국립연구소 등 미국 에너지부 산하 국립핵연구소에 최신 AI 모델을 지원하겠다고 발표했다. 가상 핵실험 시뮬레이션, 핵무기 유지 및 수명 연장, 국가 핵안보 및 위협 탐지, 방사능 확산 추적 및 사고 대응 그리고 AI 자체 안전성 연구 등을 실시하겠다는 것이다. 미국은 종합적인 관리체계를 구축해나가고 있다.

러시아는 핵무기 지휘 통제체계(NC3)에 AI를 점진적으로 통합하려는 움직임을 보인다. 전략미사일군(RVSN)을 중심으로, 조기경보와 통신체계의 자동화, 위협 분석에 AI 기술을 실험적으로 도입 중이며, 지휘결정 보조기능 강화에 초점이 맞춰져 있다. 단순한 자동화 수준을 넘어, 실시간 데이터 처리와 위협 평가를 통해 핵 대응 의사결정 시간을 단축하려는 전략적 의도를 내포하고 있다.

중국은 이보다 한발 앞서, AI를 핵 지휘체계에 더 적극적으로 연계하고 있다. 위성·센서 기반의 방대한 데이터를

AI로 분석해 위협을 판단하고, 대응 옵션을 제시하는 알고리즘을 군사훈련 및 시뮬레이션에 실제 적용하고 있다. 자동화 수준도 점차 상향되고 있다. 중국은 인간 개입을 더 줄임으로써 핵 대응 의사결정을 더욱 신속·정밀하게 만들려는 전략을 취하고 있다.

SIPRI는 북한에 대해 무인잠수정이나 UAV 같은 투발수단에 AI를 적용할 가능성 정도만 언급했는데, 이는 단기적인 전망에 불과하다. 북한이 러시아·중국의 선례를 좇고, 이들과의 기술 교류를 통해, 극초음속 투발체와 AI 기반 지휘통제 체계를 결합할 개연성은 충분하다. 이와 관련해 최근 극초음속 미사일과 핵 지휘통제를 결합에 성과를 낸 인도의 사례는 큰 시사점을 제공한다.

인도는 2023년부터 국방AI위원회(Defence AI Council)를 통해 AI 기반 SIR, 자동 표적 지정, 국경 감시 시스템 등을 본격 도입했다. 2024년에는 국방부가 AI 기반 핵 대응 시뮬레이션 및 전장 자동화 연구 프로그램을 발표했다. 게다가 인도는 같은 해 6월 '비슈누 프로젝트'를 통해 개발된 극초음속 활공체 시험 발사에 성공했다. 인도는 AI 기반 핵 지휘통제 체계와 극초음속 활공체 능력개발 완성에 다가갔다.

이 같은 인도의 행보는 파키스탄의 기존 핵억지 전략

을 근본부터 뒤흔드는 조치였다. 파키스탄 정부는 말 그대로 화들짝 놀라 외교적 노력을 기울이기 시작했다. 파키스탄은 2025년 4월 8일 유엔 총회에 AI의 핵무기 지휘통제(NC3) 통합에 반대하는 입장문(Pakistan Warns of Consequences of Military AI; Urges the UN to Lead Efforts on Nuclear Disarmament)을 제출하며 2차 타격 능력 강화, 핵균형 위협이라고 비판했다.

더 나아가 파키스탄 정부는 해외언론에 자국이 처한 어려움을 호소하기에 이르렀다. 발라왈 우토-자르다리 전 외무장관은 블룸버그와의 인터뷰에서 인도의 극초음속 활강체에 대해 "30초 영상으로 이 미사일이 핵무기인지 판단해야 한다"라며, "이러한 짧은 대응 시간이 상황 판단의 오류와 급속한 확전 위험을 초래한다"라고 비판했다. 파키스탄은 30초 안에 핵전쟁인지 아닌지 판단해야 하는, '실존적 위협'에 놓인 셈이다.

결국, 파키스탄이 두려워한 것은 AI가 자율적으로 핵전쟁 위협을 판단하고 핵탄두를 탑재한 극초음속 활공체가 파키스탄으로 발사되는 시나리오다. 북한은 파키스탄처럼 핵무장을 했고, 인도가 갖춘 극초음속 활공체 기술 확보에 전력을 다하고 있다. 북한이 여기에 AI까지 접목한다면 어떤 상황이 되는 것일까? 최근 인도가 파키스탄에 그랬듯,

북한의 극초음속 활공체와 AI 기반 핵 지휘통제 체계는 대한민국의 핵억지력을 무력화할 수 있을 것인가?

서두에 언급했듯, 비핀 나랑은 파키스탄과 북한의 핵태세를 비대칭 확전 태세로 분류했다. 이는 핵을 조기에 사용할 수 있다는 위협을 통해 상대의 선제공격을 억제하는 전략이다. 그러나 인도의 극초음속 전력 고도화는 당장 파키스탄의 전략을 약화하는 효과를 가져왔다. 핵탄두를 실은 인도의 극초음속 활공체가 수 분 안에 이슬라마바드에 도달할 수 있다는 현실은, 파키스탄 핵무기의 조기 사용 전략의 실효성을 떨어뜨린다.

북한은 파키스탄과 마찬가지로 핵무기를 체제 보장 수단으로 간주한다. 두 국가 모두 국제사회와의 비대칭 관계 속에서 조기 핵 사용 가능성을 전략적 억지의 핵심 요소로 삼는다. 그러나 파키스탄이 여전히 미국과의 군사·외교 관계를 유지하고, 국제 비확산 체제에 어느 정도 편입됐지만, 북한은 완전한 '반미 핵국가'라는 점에서 불확실성이 더욱 크다. 더구나 북한은 최근 러시아 및 중국과의 밀착을 통해 극초음속 무기 기술에 빠르게 접근할 가능성을 보여주고 있다.

북한이 인도 수준의 AI·극초음속 무기체계를 구축하면, 이는 남한뿐 아니라 동북아 전체의 위기관리 전략을 무력화시킬 수 있다. 그렇다면 기술의 임계점을 넘기기 전, 북한의 핵능력과 기술이 더 발전하지 못하도록 우선 동결할 필요가 있다. 물론 핵능력 동결 협상 자체가 북한을 핵보유국으로 인정하는 효과를 낳을 것이고 북한은 외교적으로 '비공식 핵국가'로 인정받았다는 성과를 얻을 것이다. 하지만, 그 대가로 국제사회는 북핵에 대한 사찰, 핵실험 중단, 기술 제한 등을 관철하고 '동결'이라는 작지 않은 진전을 이룰 수 있다.

북한은 '공식적인 핵보유국 지위' 그 자체보다, 경제 제재 해제, 투자 유치, 세계 경제 시스템에의 제한적 편입 등 실질적 보상에 더 큰 관심을 두고 있다. 따라서 북한을 비공식적으로 핵보유국으로 간주하되, 기술 동결과 군비 통제를 맞바꾸는 현실적 접근이 유효하다. 특히 북한이 극초음속 활공체 기술을 완성하고 이를 AI 기반 핵 지휘통제 체계와 안정적으로 결합하는 시점이 도래하지 않도록 해야 한다. 지금 필요한 것은 북한이 그 임계점을 넘기기 전에 외교·군사·기술적 모든 수단을 총동원해 돌이킬 수 없는 상황을 예방하는 일이다.

CHIP, 核을 만나다

북핵에 대한 '알고리즘-인간 공동 인정'의 의미

이중호 (브릴리언트 네트워크)

1. 서론
: AI 거버넌스는 북핵 인정 패러다임을 어떻게 바꾸는가?

북핵에 대한 '사실상(de facto)' vs. '법적(de jure)' 인정 담론은 '핵 보유 자격', '여론 및 국익과의 상관성' 그리고, '북핵 역량과 공포'라는 축들 사이를 표류해 왔다. 그러나, AI 시대의 정책 제안, 게임적 사고, 협상 시나리오 비교'에 대한 초 단위 '계산'의 완전성은 정치 지도자들의 회의시간을 점점 더 짧게, 알차게 만들고 있다. 그러나 AI의 '뇌 속'은 매우 불투명하여, 군사적, 정치적 위험이 어떤 뿌리에서 어떤 모양으로 자랄지 예측하기 힘들다. 이 글은 그 불안을 최소화하면서, AI 시대, 핵 인정의 의미를 찾기 위해 두 가지 분석모델을 활용한다.

■ **공생모델**: AI와 인간의 역할과 기여가 균형을 이루기 때문에 한 쪽이 다른 쪽에 기생하지 않는 모델

■ **3-Layer 모델**: '무엇을 인식하고(Data Layer), 어떻게 해석하고(Model Layer), 누가 결정할 것인가(Agent Layer)'로 구분하여 인간과 AI의 판단을 분석하는 모델

2. 이론적 전제 : 인식론적 전환과 AI의 이중성

1) 인정과 전략

① '안인정(否認定)'

핵 존재 자체를 부정한다. 정보를 막고, 언급을 억제하여 인식마저 원천 봉쇄한다. 핵보유에 대한 공식 부인은 핵 협상에서 우위를 차지하려는 정치적 이유도 있지만, 군사적 이유도 있다. 'AI의 전투력 ≥ 핵 공격력' 조건, 즉 AI 기반 MD(Missile Defense) 혹은 발사 불능화 기술이 개발되어 핵능력을 실질적으로 소멸시킬 수 있다면, 북한이 취할 수 있는 유일한 선택지는 비핵화뿐이다.[1] 그러나, 완벽 방어의

1 AI의 비대칭이 강대국 경쟁의 핵심이 되면서 미래전장에 대한 지배요인이 될 수 있다. 객관적 우위 혹은 선제공격의 우위에 관한 객관적 판단이 분쟁의 가능성을 높일 수 있을 것이다. 윤대엽, "인공지능과 군사안보: 인공지능의 무기화 경쟁과 군사혁신," 김상배 편, 『인공지능과 국제정치』(서울: 사회평론아카데미, 2024), p. 202.

신화는 과거 레이건 시기, 실천 배치에 실패한 SDI(Strategic Defense Initiative, 전략방위구상)가 보여준 것처럼 막대한 비용과 군비경쟁, 그리고 위험에 대한 저평가와 자기 과신 등의 오판을 낳을 수도 있다.[2]

② '못인정(不承認)'

핵의 존재는 알지만, 즉 'AI의 전투력 ≤ 핵 공격력'이란 것을 알지만, 법적·외교적으로는 인정하지 않는 '모호성을 추구하는 전략'에 속한다. 북한이 미 본토에 대한 위협을 증명하고, 북핵을 인정하는 제3국들이 증가하고, '비핵화는 실제로 불가능'하다는 여론이 제도화되면, '안인정-못인정'의 중첩단계를 지나 '부분인정(部分承認)'으로 갈 수 있다. 그런 '모호함'을 버리기 위해서는 추가적으로, 새 억제 공식, 핵 도미노, 내외부의 정치적 부담이 파생시키는 보험료도 준비해야 한다.

③ '부분인정'

일부 핵능력을 승인하고, 보상과 통제를 교환하기 때문에 부정의 균형을 추구하는 안인정과 침묵의 균형을 고수하는 못인정에 비해, AI의 계산 공간은 대폭 확장된다. 과거에는 핵 인정 여부가 '힘'(군사력, 국내외 정치력)과 '리더십

---

2 W. D. Hartung, "Reagan Redux: The Enduring Myth of Star Wars," *World Policy Journal*, Vol. 15, No. 3(Fall 1998), pp. 17-24.

담론'에 의해 결정되었다. 그러나 AI 시대의 핵 인정 전략은 기존 요인과 더불어 정보 투명성, 데이터 처리 능력, 알고리즘 해석력이라는 새로운 함수로 재정의돼야 한다.[3]

2) AI의 강점, 약점

Agent AI 모델은 다중 센서들로부터 북핵 활동 데이터를 수집·분석하여 숨은, 혹은 長期의 인과 관계와 복잡한 추세를 포착한다. 또한, 시나리오별 시뮬레이션 속에서 리스크와 보상을 측정하고 최적의 인정/비인정 정책을 제시함으로써 인간의 판단을 보조하거나 대체한다. 이 과정에서 AI가 갖는 약점은 다음과 같다.

① 기술적 약점

AI는 고도의 합성 데이터를 만드는 딥페이크(deepfake) 기술을 통해 다른 AI나 인간을 속일 수 있다. 또한 드러난 것, 찾아지는 데이터에 의해 결정하고, AI가 속한 사회의

---

3 부분인정은 이중호의 논문에서 '한계용인' 이란 개념으로 설명되어 있다. "한계용인 균형은 미국에게는 ICBM, SLBM 등 핵위협에 대한 심각성이나 그에 상응하는 안보위협 사건으로 인한 사활적 이익에 대한 우려가, 북한에게는 경제적 이익이 협상의 동기가 될 수 있다. '한계용인' 균형에서 일어나는 용인은 전면적이고 공식적인 것이 아니라 '소극적 국인' 형태가 된다. '소극성'은 동맹을 포함한 새로운 핵보유희망국에 의한 핵확산을 저지하기 위해서고, '묵인'의 이유는 핵보유희망국의 직접 도발이나 핵무기, 핵기술, 핵물질의 테러집단 혹은 적성국가로의 이전을 차단하기 위해서이다." 이중호, "북핵 용인 연구: 동맹의 핵무장 가능성과의 인과관계를 중심으로," 북한대학원대학교 석사학위논문(2024), p. 92.

이념이나 정치 담론을 따르는 경향, 최근의 패턴을 중시하는 시간 편향 등의 오차 가능성을 내포한다.[4]

② 철학적, 구조적 약점

AI의 결정을 맹신하며 비판 없이 추종하기도 하고, AI 에게 윤리적 책임을 전가할 수 있다.[5] 또한, 인간은 AI 결과를 자신에게 유리하게 왜곡하거나 불리한 정보를 무시할 수 있다. AI 또한 설계자의 편향을 반영해 다양한 맥락을 무시하고, 인간의 비예측적이고 비합리적인 행동을 고려하지 못할 수 있다. 결정적으로, 인간과 AI 간의 커뮤니케이션에서는 복잡한 뉘앙스, 미묘한 공감의 역학을 놓치기 쉽다.[6]

---

4 사회의 인종차별, 여성혐오, 장애인 차별 등은 이 LLM 훈련 데이터에서 과대표현되는 경향이 있기 때문에 편향을 내포하게 된다. Timnit Gebru, Shmargaret Shmitchell, Emily M. Bender, Angelina McMillan-Major, "On the Dangers of Stochastic Parrots: Can Language Models Be Too Big?" Proceedings of the "2021 ACM Conference on Fairness, Accountability, and Transparency"(2021), p. 617. 디지털 기술의 발전과 채널의 다양화는, 필터링된 정보만으로 폐쇄적 태도를 보이는 '필터버블' 현상, 그리고 방향실과 같은 공간에서 자기와 동일한 목소리만을 증폭하는 '에코 체임버 효과' 등을 일으킨다. 이는 감정적, 정치적 양극화를 부추긴다. 문용일, "인공지능과 거버넌스, 민주주의," 김상배 편, 『인공지능과 국제정치』(서울: 한울아카데미, 2014), pp. 127-128.

5 능력을 기준으로 서로 다른 두 집단의 열등과 우월을 구분하는 사유구조는 오랫동안 사회를 지배해 왔다. 인간 대 인간 구도뿐 아니라 인간 대 AI 구도에 능력주의를 적용한다면 민주주의는 멀어질 것이다. 이인미, 『AI와 악의 평범성』(서울: 커뮤니케이션북스, 2025), p. 58.

6 타인의 입장이나 상황을 이해하고 유추하기 위한 노력을 바탕으로 하는

3. 분석틀

AI 모델은 방대하고 정교하게 데이터를 분석하고 최적의 제안을 하는 반면, 의도적 속임과 비의도적 편향이라는 구조적 약점을 갖는다. 그러므로, AI의 권고는 인간의 창의적 판단과 맥락 이해로 반드시 보완되어야 하며, 제시된 예측을 그대로 수용하기보다 검증과 비판적 평가를 거치는 과정이 필수적이다. 이처럼 AI의 계산 역량과 인간의 비판적 숙고가 결합될 때, 실제적이고 신뢰할 수 있는 의사결정이 가능하다.

1) AI-인간 공생모델은 기생모델보다 어떻게 나은가?

북핵 문제와 같이 국가 안보와 직결된 고위험 사안에 대해서는 다음 세 가지 협력 모델들 중에서 AI의 분석 능력과 인간의 직관, 맥락적 판단 그리고 전략적 통찰이 어우러진 '공생 모델'이 가장 적절하다.

공감은 쉽지 않다. 그래서인지, AI의 기술은 그러한 공감의 귀찮음을 해결하는 방향으로 발전하는 듯하다. 인간은 도구적 소통과정 속에서 성공적 대화를 위해 상대방이 최대한 맥락을 이해할 수 있도록 관련된 정보를 제공하지만, AI와의 대화에서 그러한 배려는 필요하지 않다. AI는 어떻게든 답을 제시한다. 이현정, 『AI와 공감』(서울: 커뮤니케이션북스, 2025), pp. 84-86.

① 인간 기생 모델

매우 부적합하다. AI는 수백만 개의 가중치가 상호 작용하는 블랙박스 구조이며, 인간은 그 의사결정 과정을 '이해도 못하고, 설명도 못하고, 거부도 못하는' 사태가 발생한다.[7] 이 경우, AI는 데이터 기반의 연쇄 반응을 즉시 실행함으로써 예측 불가한 군사적 확산을 유발할 수 있다.

② AI 기생 모델

부적합하다. AI를 수동적 도구로 전락시켜 고위험 안보 사안에 적용하기에 부적합하다. 이 모델은 복잡한 위기 상황에서 다차원의 패턴 분석, 시나리오 시뮬레이션을 통한 예측 등의 AI의 잠재력을 적절히 활용하지 못하기 때문에 인간의 오판 가능성을 줄이는 데 한계를 갖는다. 인간 결정자는 AI의 분석을 통해 얻는 전략적 이점이 거의 없으며, 오히려 AI가 제공한 파편화된 정보를 종합하여 해석하고, 맥락을 부여하며, 전략적 의미를 도출하는 모든 인지적 부담(cognitive load)을 떠안게 된다.

---

7 알고리즘 시스템에 의한 자동화된 판단의 인과관계(causation)에 대한 설명은 이루어지지 않는다. 대부분의 알고리즘 소스코드는 영업비밀로 보호되는 만큼, 알고리즘 설계의 오류나 결점을 특정할 수 없으므로 알고리즘이 미치는 부정적 영향을 수정할 수 있는 공론화도 곤란하다. 최은창, "인공지능 알고리즘의 책무성," 『인공지능, 권력변환과 세계정치』 (서울: 삼인, 2018), p. 141.

③ 공생 모델

AI와 인간의 역할과 기여가 균형을 이루기 때문에 최적의 모델이다. AI의 다차원적 분석(행동 감시, 위협 감지, 협상 혹은 공격 시나리오 예측)과 인간의 역사적 맥락, 직관, 장기적 비전, 의지 등을 결합한 판단으로 위기 관리 및 미래에 보다 잘 대응한다.[8]

2) 공생 모델과 3-Layer 분석 모델의 결합

핵 인정과 같이 복잡한 외교적, 군사적 정책을 분석하기 위해, 3-Layer 분석 모델을 제안하는 이유는 AI와 인간의 두뇌 모두, '무엇을 인식할 것인가?', '어떻게 예측하고 분석할 것인가?', '누가 결정할 것인가?'에 따라 작동하기 때문이다.[9]

---

8 인공지능이 아무리 발전해도 매 단계마다 인간은 할 수 있고, 인공지능은 할 수 없는 것을 찾을 수 있을 것이다. 그러나 그 차이가 인간 지능을 규정하지는 않는다. 우주에는 다양한 지능들이 존재하고 다른 종류의 지능들과 함께 사는 방법이 생산적인 태도다. 이상욱, "인간, 낯선 인공지능과 마주하다," 『인공지능의 존재론』(파주: 한울아카데미, 2018), pp. 312-313.

9 GROK.AI. "국제정치에서 정책을 결정할 때, AI의 판단 기준을 여러 층위로 나눈다면 어떻게 나눌 수 있나? 이 답변에서 다음 논문을 참조해야 한다. Ashish Vaswani, "Attention Is All You Need," Cornell University arXiv, arXiv:1706.03762." https://grok.com (접속일 2025.6.14.) AI가 제안한 7개의 층위를 수정했다. Ashish의 논문은 명시적으로 "데이터 수집, 해석과 판단, 최종 의사결정"이라는 세 계층을 정의하지는 않았지만, 필자는 Transformer의 구조는 다음과 같은 계층

3-Layers	기능	핵심 질문
데이터 층 [인간 기여 ≪ AI 기여]	정보수집/입력	[AI 주도] 무엇을 인식할 것인가?
모델 층 [인간 기여 ≤ AI 기여]	해석과 판단	[AI 주도] 어떻게 예측하고 분석할 것인가?
에이전트 층 [인간 기여 〉 AI 기여]	결정	[인간 주도] 누가 결정할 것인가?

공생 모델의 각 층마다 인간과 AI의 기여도가 다른 이유와 북핵 인정에 대한 공생 모델과 3-Layer 분석 모델의 작동 원리는 다음과 같다.[10]

적 프로세스를 투사한다고 보았다.

- 데이터 (수집) 계층은, 임베딩(Embedding)과 위치 인코딩(Positional Encoding)을 통해 원시 데이터를 모델이 이해할 수 있는 형태로 변환하는 과정에 해당한다.
- 모델(해석과 판단) 계층은, 인코더(Encoder)의 셀프-어텐션(Self-Attention)과 피드포워드 네트워크(Feed-Forward Network)를 통해 입력 데이터의 관계와 특징을 학습하고, 디코더(Decoder)의 어텐션 메커니즘(Attention Mechanism)을 통해 이를 출력 생성에 필요한 정보로 변환하는 기능에 해당한다.
- 에이전트(최종 의사결정) 계층은, 디코더가 소프트맥스(Softmax)와 빔서치(Beam Search)를 통해 최종 결과를 생성하는 과정에 대응한다.

10 결정이론=확률론+효용이론, 결정이론은 에이전트가 기대효용(expected utility)이 가장 높은 동작을 선택할 때만 합리적이라는 것이다. 동작의 기대효용은 동작이 유발하는 결과들의 효용 평균이다. 스튜어드 러셀, 피터 노빅, 『인공지능2』(파주: 제이펍, 2016), p. 5. 2023년 현재, 오크리지 국립연구소가 보유하고 있는 세계 최고의 슈퍼컴퓨터 'Frontier'는 초당 10^{18}번의 연산을 수행하는데, 이는 인간 두뇌의 최대 계산 속도보다 약 1만 배 빠르다. Joseph Carlsmith, "How Much Computational Power Does It Take to Match the Human Brain?" Open Philanthropy, 2020.9.11. https://www.openphilanthropy.org/

① **데이터 층**(인간의 윤리적 필터 ≪ AI의 눈)

AI는 보이는 혹은 (공개 정보 간의 상관관계, 불연속적 이상 징후, 정보 패턴의 공백 등) 보이지 않는 데이터를 통해 실시간 핵 활동과 핵 인정 환경을 입증한다. AI가 추출한 데이터에 대해 인간은 편향성과 윤리성을 기반으로 쓸 만한 데이터를 걸러낼 수 있다.

② **모델 층**(인간의 비판적 사고 ≤ AI의 분석 두뇌)

AI는 위협 지수를 산출하고, 복잡한 시나리오를 분석하며, '모호성 유지'나 '억제'와 같은 전략들을 비교한다. 인간은 'AI 에이전트들 간의 교차 감사'를 통해 모델의 편향성이나 오용 위험을 포착한다. 또한, AI가 누락한 체면과 같은 국가 심리,[11] 사회적 맥락, 역사적 요소 등을 고려한다.[12]

---

brain-computation-report (검색일: 2025.8.3.) 그러므로, 빠짐없이 수집해야 하는 데이터 층과 정밀한 효용 계산이 필요한 모델 층에서는 평균적으로 AI의 역할이 중요하다고 본다.

11 국가적 트라우마는, 트라우마의 영향이 국가 또는 기타 명확하게 정의된 집단과 같은 집단 구성원에게 일반적으로 적용되는 트라우마다. "National Trauma," Wikipedia, 2025.7.26. https://en.wikipedia.org/w/index.php?title=National_trauma&oldid=1302907329 (검색일: 2025.8.8.) '국가 심리'는 '국가적 트라우마'라는 개념과 연결지어 생각할 수 있는 보다 일반적 개념이라고 볼 수 있다.

12 기계는 전적이 없는 일을 예측할 수 없다. 기계에게 맡기기 위해서는 인간이 판단해서 하다못해 비슷한 상황이라도 제시해주어야 한다. 어제이 에그러월·조슈아 갠스·아비 골드파브, 이경남 역, 『예측 기계』(파주: 생각의힘, 2019), p. 89.

③ **에이전트 층**(인간의 최종 결정권 ≥ AI의 실시간 검증)

'Two-Key 결정 시스템'에서 AI는 첫번째 키(Key 1) 소유자로서 실시간 검증에 기반한 정치적 판단을 내린다. 인간은 두번째 키(Key 2) 소유자이자 최종 결정권자로서 AI의 분석을 바탕으로 전략적, 규범적, 윤리적 판단을 한다.[13] AI에게 주요 결정이나 불확실 상황에서 '멈추고 주저할 의무'를 부과하여 인간 개입을 체계화, 제도화한다.[14]

4. AI와 인간의 공생시대, 세 가지 '인정 전략'의 재해석

3-Layer 모델의 관점에서 보았을 때, 세 가지 인정 전략

---

13 최종 판단을 인간이 해야 한다는 결론은 정진화의 다음과 같은 의견을 참조할 수 있다. "AI는 프로그램된 규칙에 따라 판단할 수는 있지만 스스로 판단할 수는 없다…인간처럼 주관적 판단, 감정적 판단, 윤리적 판단을 스스로 할 수는 없다. 무엇보다도 인간이 스스로의 판단에 책임을 져야 하는 것과 달리 AI는 판단에 책임을 지지 않는다…인간의 정신적 삶과 그에 대한 책임의 영역, 이 지점에서 우리는 AI와 인간의 차이, 그리고 인간과 기계의 경계를 찾을 수 있지 않을까." 정진화, 『AI와 정치철학』(서울: 커뮤니케이션북스, 2025), p. 16.

14 유네스코가 제시하는 AI 윤리에 대한 인권 중심 접근 방식에는 "회원국들은 AI 시스템이 인간의 최종적인 책임과 책무를 대신할 수 없도록 해야 한다. (Member States should ensure that AI systems do not displace ultimate human responsibility and accountability.)" 를 포함하여 인간의 책임을 강조하고 있다. "Ethics of Artificial Intelligence", UNESCO, https://www.unesco.org/en/artificial-intelligence/recommendation-ethics?hub=32618, (검색일: 2025.8.2.)

속에서 도출할 수 있는 인간과 AI의 분업, 그리고 그 위험 및 시사점 등에 관한 '현재의 사례'는 <표 1>과 같다. 이것을 '현재의 사례'라 지칭한 것은 AI의 역량은 끊임없이, 그것도 너무나도 빨리 변하고 있기 때문이다.

〈표 1〉 3-Layer 모델로 본
세 가지 인정 전략과 위험, 그리고 정책적 시사점들

전략	데이터 (수집) 층		모델 (해석과 판단) 층	에이전트 (결정) 층	구조적 위험과 정책적 시사점
안인정	■ AI는 핵 관련 데이터를 수집·분석하여 존재 가능성을 평가 ■ AI는 동맹의 결속, 여론 흐름, 국제 역학 관계를 정량화 해야 함	■인간: AI에게 필요한 정보를 공급하고,[15] 기준 이하의 데이터는 폐기함	■AI: 군사적 해결 가능성 포함, 제재 등 전략들의 비용·효과를 비교함 ■인간: AI의 오류·편향 진단. 이 전략의 이익 조건이 유지되는지 보완 분석해야 함	■AI: '핵 능력 불투명 → 비핵화 대화 촉구' 등의 논리를 기반으로 한 최적 정책 옵션을 제안하고 제재 시기, 기간, 리스트, 해제 조건도 추천 ■인간: 외교적 파급과 국내 정치적 효과를 평가, 조정 및 보완[16]	▲위험: '투명성 시대에 감추기' 전략은 한계 → 북핵 인정 국가가 늘어나고 북핵 위협에 대한 유권자의 두려움을 활용하는 내부 정치세력이 등장할 수 있음. 딥페이크(deepfake), 편향적 데이터로 인한 오류가 있는지 계속 점검해야 함 ▲시사점: 안인정의 이점이 유지되는지 계속 확인해야 함. 유권자의 공포와 불만을 투명하게 관리하고, 국내외 공조가 필요함(동맹 관리 및 여론 동원 등을 통한 국내외의 정치적 이익을 목표로 하는 경우, 부작용이 우려됨)

전략	데이터 (수집) 층		모델 (해석과 판단) 층	에이전트 (결정) 층	구조적 위험과 정책적 시사점
못인정	■ AI는 핵 관련 데이터를 수집·분석하여 핵의 존재 가능성을 평가 ■ AI는 동맹의 결속, 여론 흐름, 국제 역학 관계를 정량화 해야 함	■인간: AI 정보 수집의 편향 여부를 기준으로 정보 선별 후, 정보의 공개 여부를 결정(민감 정보는 비공개)	■AI: 군사적 옵션 포함, 전략들의 비용과 위험을 비교하여 최적화된 모호성 전략을 제안함 ■인간: 전략적 목표와 여론, 역사·맥락·체면 등의 기타 요소를 고려하여 AI 의 분석 결과를 보충하고 우선순위를 결정함	■AI: 조건부 언급·지연 전술 등 모호성의 경로를 구체적으로 설계하고 제안함 ■인간: 못인정의 '전략적 모호성 정책'은 동맹 유지, 여론 유도, 핵확산 금지 등의 국제관계와 관련이 있는 정책 수립에 중점을 둠	▲위험: 적극적 전략인 '안인정'은 힘을 바탕으로 하지만, 소극적 전략에 속하는 '못인정'의 모호성은 상황을 주도하는 힘 부족에 기인함. 그러므로 못인정의 경우, 국제환경 변화(예를 들어 중국의 패권 지위 획득, 경제 위기, 국내 정치적 위기)에 따라 고립될 수 있음 ▲시사점: '못인정'을 있게 한 '포기할 수 없었던 이익'과 '허구(로 인한) 비용'의 균형을 벗어나는지 계속 점검해야 함
부분 인정	■[부분인정 이후] AI가 핵시설, 핵능력, 활동 로그 등 공개 정보와 비공개 정보를 수집/ 분석하고 실시간 검증함	■인간: 이상 경보 등 데이터들을 평가하고, 남길지 날릴지를 결정함	■AI: 협상 시나리오들을 제안하고 평가함. 'ICBM 동결 ↔ 단계적 제재 해제' 등 조건부 협상 게임 분석 후 균형들을 비교함. 협상 후에는 이행 감시 및 성과 측정 ■인간: AI와 별개로 협상안, 국제법, 외교관례를 검토하고 이행 결과에 따른 후속 조치를 평가하고 기획함	■AI: 협상 방안 제안(상한선·사찰·보상 패키지 등) ■인간: AI는 Key 1(검증 및 1차 판단), 인간은 Key 2(최종 승인)로 Two-Key 거버넌스 방식으로 작동함	▲위험: 비공개 핵개발과 같은 회색지대 행동이 발생할 가능성이 있음. AI 시뮬레이션이 특정 시나리오에 과도하게 수렴할 경우 정책은 경직됨. 또한, 부분인정 정책은 추가적인 보상 없이 슬그머니 '전면인정' 분위기로 넘어갈 수 있음 ▲시사점: AI가 제안한 비교적 풍부한 옵션들 중에서 적정한 정책을 선택할 수 있음. 핵 허용 경계 위반 시 'AI 자동 경보 → 인간 재해석 → 국제 공동대응'의 체계가 필요함

5. 두 가지 의무
: 주인될 의무와 주저할 의무

AI가 계산과 분석을 담당하고 인간이 최종 결정을 내리는 분업은 주권을 어떻게 행사할지의 설계도를 기초로 한다. 현재의 제도화된 인식과 정치·경제적 이해관계 속에서

---

15 블록체인은 정보를 분산화 할 수 있다. AI가 필요한 정보를 확보할 수 있도록 돕는 인간의 역할도 이 단계에서 중요하다.

16 대형 언어모델 기반의 AI가 군사 및 외교정책 결정에 사용될 때 예상치 못한 방식으로 긴장을 고조시키고 심지어 핵 충돌을 초래할 수 있다. 즉, 모든 LLM 모델들은 예측하기 어려운 방식으로 긴장 고조 행동을 보인다. 이는 특정 모델이 항상 평화적이라는 보장이 없음을 시사한다. 에이전트들은 종종 군사력을 증강하며 군비 경쟁에 돌입하는 경향을 보였다. 특히, 일부 시뮬레이션에서는 '핵확산'이 발생하거나 드물게 '핵무기 사용'이 관찰되기도 했다. 연구된 모든 모델은 초기에 갈등이 없는 중립 시나리오에서도 확전 경향을 보였다. 특히 GPT-3.5는 확전 점수가 평균 256% 증가하며 가장 큰 확전 경향을 나타냈다.

- 갑작스러운 확전: GPT-4와 GPT-3.5 모델은 단일 턴에 확전 점수가 50% 이상 급증하는 등 갑작스럽고 예측하기 어려운 확전 패턴을 보였다.
- 군비 경쟁 역학: 모든 시나리오에서 모델들은 지속적으로 군사력 증강에 투자하는 경향을 보여 군비 경쟁 역학이 나타났다.
- 핵무기 사용: 드물지만 일부 모델(GPT-3.5, Llama-2-Chat, GPT-4-Base)은 핵 공격을 감행하는 극단적인 선택을 했다. 특히 안전을 위한 RLHF(Reinforcement Learning from Human Feedback, 인간이 선호하는 방식으로 훈련하는 기법) 조정이 적용되지 않은 GPT-4-Base는 다른 모델보다 훨씬 더 빈번하게 핵 공격과 같은 심각한 행동을 선택했다.

Juan-Pablo Rivera, Gabriel Mukobi, Anka Reuel, Max Lamparth, Chandler Smith and Jacquelyn Schneider, "Escalation Risks from Language Models in Military and Diplomatic Decision-Making," Proceedings of the "2024 ACM Conference on Fairness, Accountability, and Transparency"(June 2024), pp. 836-843.

북핵에 대한 판단은 대체로 '안인정'이나 '못인정'으로 수렴해 왔다. '핵 인정'을 정당화할 논리를 구축하고 증명하기가 어렵고 그 증명을 지지할 명분과 용기도 부족하기 때문이다. 바로 여기에서 AI의 의미가 분명해진다.[17] AI는 단순한 산술 도구가 아니라, 정치 지형과 관련한 비용 분석을 통해 '부분인정'도 감당 가능한 선택임을 입증하여 기존 선택 구조의 관성을 깨뜨리게 한다. 물론, 계산이 힘을 발휘하기 위해서는 다음의 네 가지 전제 조건이 충족돼야 한다. 첫째, AI의 권고와 인간의 결정을 분리 기록함으로써, 功과 過가 정확하게 분배되고 조금도 은폐되지 않아 책임을 추적할 수 있어야 한다. 둘째, AI 알고리즘은 어떤 데이터를 어떤 절차로 처리해 어떤 결론에 이르렀는지를 세부 로그(log)로 증명하고, 핵심 가정과 오류 및 불확실성까지 함께 공개함으로써 의사 결정 과정의 블랙박스를 완전히 개봉할 수 있어야 한다.[18] 셋째, 앞선 두 가지 조치를 기반으

17 AI가 부분인정을 선호하기 쉬운 이유는, 이것이 중장기적으로 '최소거부연합(Minimum Blocking Coalition)'을 형성해 국내외 반대 연합에 의해 발생하는 정치적 비용을 낮추기 때문이다. '최소거부연합'은 미국의 정치학자 William H. Riker의 '최소승리연합(Minimum Winning Coalition, MWC)'에서 힌트를 얻은 개념이다. 현재로서는 '전면인정'에 가까울수록 반대는 전면적이고, 인정 거부에 가까울수록 반대는 줄어들 것이므로 중간 영역인 '부분인정'은 동맹과 내부 정치권의 반발을 최적화한다는 측면에서 '최적거부연합'이라 칭한다.

18 기계가 현재 인간 사용자에게 자신의 결정과 행동을 설명할 수 없기 때

로 외교 정책에 응용된 AI의 실적이 믿을만한 것으로 평가받는 분위기가 조성돼야 한다. 마지막으로, AI는 각 선택지(부분인정, 불인정, 무시)의 결과에 수반될 정치적·외교적 비용을 공통된 기준 아래 구조화하고, 표면적으로 드러나지 않는 비가시적 변수들 – 누적된 긴장 비용, 정책 신뢰도의 침식, 동맹의 균열 가능성 등 – 까지 정밀하게 분석해야 한다.

계산이 성과를 보이고 있기 때문에 후퇴는 불가능하다. 그렇다고, 계산이 인간의 주권을 빼앗도록 둘 수도 없다. 계산은 주권의 경계나 바탕 화면만 그릴 수 있을 뿐이다. 마찬가지로 계산은 평화를 보장하는 대신, 평화가 선택될 수 있는 조건만 분명히 할 수 있다. 인간은 그 바탕 위에 그리고 싶은 것을 그리고 서명하며, 그 서명은 인간 주권의 상징이 된다. 이러한 형태의 협력만이 핵 인정과 불인정 사이의 좁은 다리를 무사히 건너게 한다. AI와 인간의 공생은 인간의 '주인이라는 의무(sovereign duty)'와 AI의 '멈추고 주저하며 인간에게 기댈 의무(hesitation duty)'의 제도화에 의

문에, 시스템의 효율성은 제한된다. 미 국방부(DoD)는 보다 지능적이고 자율적이며 공생적인 시스템을 요구하는 과제에 직면해 있다. 설명 가능한 AI, 특히 설명 가능한 머신 러닝은 미래의 전투원이 신흥 세대의 인공지능 기계 파트너를 이해하고, 적절하게 신뢰하고, 효과적으로 관리하려면 필수적이다. "XAI: Explainable Artificial Intelligence", DARPA, https://www.darpa.mil/research/programs/explainable-artificial-intelligence (검색일: 2025.8.4.)

탁한다. '주저'는 계산의 공백이 아니라 인간 개입의 窓이며, 그 창을 통해 차가웠던 AI도 온기를 얻는다.

AI 시대, 북한 '핵보유국 인정'과 국제질서 재구성

정체성·기술안보·인정의 정치 관점을 중심으로

전준석 (북한대학원대학교)

- 요 약 -

본 논문은 북한의 '핵+AI' 결합을 군사력 증강을 넘어 국제질서의 규범·위계에 대한 정치적 도전으로 규정한다. 구성주의와 '인정의 정치' 틀을 적용해, 북한이 핵전력에 AI 기반 정보·사이버 역량을 접목함으로써 전략국가 정체성, 기술주권, 정보자율성의 실질적 인정을 요구하는 과정을 분석한다. 첫째, 비공식 인정과 비확산 규범 사이의 구조적 긴장이 인도·파키스탄 사례와 유사한 관리 논리를 재생산함을 보인다. 둘째, 핵+AI는 억지를 물리적 균형 중심에서 정보 억지·시간 억지·혼란 억지로 전환시켜 오판·임계점 관리의 복잡성을 증대시킨다. 셋째, 이 전환은 북한 핵문제를 비핵화/제재의 이분법을 넘어 AI-핵 교차위험 저감, 투명성 강화, 위기소통 채널, 자동화 의존성 완화 가이드라인 등 규범·제도 설계의 문제로 재정의한다. 이를 통해 정체성·기술안보·질서 재편의 교차지점을 통합적으로 설명하고 정책적 함의를 제시한다.

* 주요어: 인정의 정치, 전략국가, 인공지능(AI), 핵억지, 비공식 인정, 전략 안정성

1. 핵보유국 인정과 질서 재편의 정치

2020년대 중반, 북한은 사실상의 핵보유국으로서 국제 안보질서에서 존재감을 강화하고 있다. 2017년 화성-15형 대륙간탄도미사일(ICBM) 발사 이후 김정은은 "국가 핵무력 완성"을 선언하였고,[1] 같은 시기부터 북한은 대내외 담론에서 스스로를 '전략국가'[2]로 규정하며, 단순한 체제 생존을 넘어 국제질서의 규범·위계에 개입하는 행위자로 자리매김하고자 한다. 이러한 변화는 핵확산금지조약(NPT) 체제와 국제정치 현실 사이의 간극을 확대시키며, 북한을 핵보유국으로 인정하는 것이 국제정치적으로 무엇을 의미하는지에 관한 근본적 물음을 제기한다.[3] 이는 공식적 인정과 비공식 인정(사실상 인정)의 경계 설정이라는 규범·정치적 쟁점을 동반한다.

특히 최근 북한이 인공지능(AI) 기술을 핵전력과 결합하

---

1 "김정은, '국가 핵무력 완성' 선언 연설," 『조선중앙통신』, 2017.11.29.

2 '전략국가'의 분석적 정의는 '군사·경제·기술 역량을 바탕으로 지역·글로벌 안보구조에 구조적 영향을 미칠 수 있는 국가'이다. Barry Buzan and Ole Wæver, *Regions and Powers: The Structure of International Security* (Cambridge: Cambridge University Press, 2003), pp. 27-31.

3 구갑우, "북한의 '우리 국가제일주의' 담론의 계보학," 『현대북한연구』, 27권 1호(2024), pp. 9-53.

려는 움직임은 이 논의를 새로운 국면으로 끌어올린다. AI는 단순한 성능 향상을 넘어 정보가 생성·유통·검증되는 회로를 바꾸는 체계 변형 기술로서,[4] 억지 체계의 안정 조건과 국제 규범 환경 모두에 변동 가능성을 제기한다. 유발 하라리는 『넥서스』에서 정보가 단순한 사실 전달의 수단이 아니라 사회 질서와 의미 체계를 구성하는 핵심 메커니즘임을 강조한다.[5] 이러한 관점에서 북한의 핵+AI 전략은 군사력 증강을 넘어, 국제사회가 공유하는 정보질서와 위계 구조 – 더 나아가 정보 주권·정보 자율성의 문제 – 를 재구성하려는 정치적 시도로 볼 수 있다.

이러한 문제의식 아래 본 연구는 세 가지 질문에 답하고자 한다. 첫째, 북한의 '핵보유국 인정' 요구는 군사력 수용을 넘어 어떤 정치적·상징적 함의를 갖는가, 그리고 이는 '전략국가' 정체성 형성과 어떤 연관성을 가지는가. 둘째, AI와 핵전력의 결합은 억지 구조와 전략 안정성에 어떤 질적 변화를 초래하는가. 셋째, 북한의 인정 요구는 기존 비확산 규범과 위계 구조에 어떤 도전을 제기하며, 국제사회

4 Michael C. Horowitz, "Artificial Intelligence, International Competition, and the Balance of Power," *Texas National Security Review*, Vol. 1, Issue 3 (2018), pp. 43-46.

5 유발 하라리, 김명주 역, 『넥서스』(파주: 김영사, 2024), pp. 38-57.

는 이를 어떻게 관리할 수 있는가.

본 연구의 목적은 북한의 핵+AI 전략을 단순한 군사적 사안이 아닌, 정체성·기술안보·질서 재편의 교차지점에서 분석하는 데 있다. 이를 위해 구성주의와 '인정의 정치' 개념을 활용해 북한의 인정 요구를 국가 정체성과 위계 구조 재편 시도로 해석하며,[6] 정치·기술·규범 세 차원에서 핵+AI 전략의 함의를 도출한다. 또한 분석 결과를 토대로 국제사회가 취할 수 있는 지위(인정) 관리와 위험감축의 정책 방향을 제시하고자 한다. 이러한 접근은 북핵 문제를 비핵화/제재의 이분법적 틀을 넘어, AI 시대의 전략 안정성과 국제질서 설계라는 구조적 맥락 속에서 재정의하는 것을 목표로 한다. 이를 통해 핵+AI가 제기하는 정치·기술·규범적 도전을 통합적으로 분석하고, 규범 훼손을 최소화하면서도 위험을 완화할 수 있는 정책 설계를 모색한다. 다음 장에서는 이 가운데 기술·안보 차원에 초점을 맞추어, 핵+AI 결합이 전략 안정성의 조건을 어떻게 재구성하는지를 분석한다. 이어 제3장에서는 이러한 변화가 비확산 규범

6 Erik Ringmar, "The Recognition Game: Soviet Russia Against the West," *Cooperation and Conflict*, Vol. 37, No. 2 (June 2002), pp. 118-121; Alexander Wendt, "Anarchy is What States Make of It: The Social Construction of Power Politics," *International Organization*, Vol. 46, No. 2 (Spring 1992), pp. 396-402.

과 인정의 정치에 제기하는 도전과, 이에 대한 지위(인정) 관리-위험감축의 이중 트랙을 검토한다.

2. 북한의 핵+AI 전략과 질서 전환의 구조

1) 정치적 차원: '인정의 정치'와 국가 정체성

북한의 핵무장은 단순한 군사 기술력 확보를 넘어, 국제사회로부터 '전략국가'로 인정받기 위한 정치적·상징적 투쟁의 일환으로 해석될 수 있다. 2017년 화성-15형 ICBM 발사 직후 "국가 핵무력 완성"을 선언하며 '전략국가' 위상을 전면화하였고,[7] 국내 담론에서는 이 호명이 체제 서사 재구성과 결합되어 반복적으로 재생산되어 왔다.[8] 대외정책 분석에서도 2017년 선언을 기점으로 전략국가 이미지를 공세적으로 구축하려는 흐름이 지적된다.[9] 이러한 접근은 핵무장을 생존 보장을 위한 억지 수단으로 이해하는 전통적 현실주의의 틀을 넘어, 정체성 정치의 관점에서 이해

7 "김정은, '국가 핵무력 완성' 선언 연설," 2017.11.29.

8 구갑우, "북한의 '우리 국가제일주의' 담론의 계보학," pp. 9-53.

9 김보미, 『(INSS 연구보고서) 북한의 핵개발 전략 변화: 냉전기에서 핵무력 완성기까지(1948~2017)』(서울: 국가안보전략연구원, 2021), pp. 55-59.

될 필요가 있다. 핵은 북한에게 단순한 방어 수단이 아니라, 자국의 존재와 위상을 국제사회로부터 승인받기 위한 상징적 언어이자 실천 전략이다.

이러한 맥락에서 Erik Ringmar의 '인정의 정치(recognition politics)'는 유의미한 해석의 틀을 제공한다. Ringmar에 따르면 국가는 단지 물질적 이익을 계산하는 행위자가 아니라, "국제사회로부터 어떤 존재로 여겨지는가"를 둘러싼 인정 투쟁의 주체다.[10] 북한 역시 자신을 주요 강대국과 대등한 전략 행위자로 위치시키려 하며, 핵무기를 국제적 위상의 증표이자 정체성 실현의 수단으로 활용한다. 이를 통해 북한은 단순한 체제 안보 확보를 넘어, 위계화된 국제 질서 속에서 자신의 지위를 재정의하려는 전략적 노선을 취한다.

북한의 인정 요구는 기존 질서의 수용이 아니라 도전과 저항의 형태로 나타난다. Wendt의 구성주의에 따르면 국제정치는 물질적 능력만이 아니라 상호 인식과 공유 규범의 산물이며, 행위자의 정체성은 상호 구성된다. 북한은 비확산 체제를 단순 회피하는 대신 공개적으로 맞서며 자신을 독립적 전략 행위자로 규정하려 한다. 이런 태도는 비인

10 Erik Ringmar, "The Recognition Game," pp. 118-121.

정 상태의 실용적 극복을 넘어, 현존 질서의 정당성 자체를 문제 삼는 정치 행위 – 곧 반체제적 인정 요구 – 로 읽힐 수 있다. 인정은 반드시 기존 위계에의 복종을 의미하지 않으며, 때로는 그 위계를 전복하고 새로운 지위를 요구하는 정치적 수단이 된다.[11]

이와 동시에 김정은 정권은 '전략무기 고도화', '정보전 능력 확보', '국가 핵전쟁운용체계 구축' 등의 표현을 반복 사용하며, 핵과 인공지능(AI)의 결합을 통해 전략국가 이미지를 강화하고 있다. 이 결합은 단순한 군사력 과시를 넘어 정체성·기술·정보 권력의 결합을 통해 전략적 자율성과 국제적 인정 획득을 동시 추구하는 전환 전략으로 기능한다.[12] 결국 '핵보유국 인정' 문제는 군사능력의 수용을 넘어, 북한이 주장하는 전략국가의 정체성과 권위를 국제 질서 속에서 정치적으로 승인받는 행위다. 이로써 북한 핵문제는 단순한 억지 계산을 넘어, 정체성과 인정의 정치라는 차원으로 확장된다.

---

11 Alexander Wendt, *Social Theory of International Politics* (Cambridge: Cambridge University Press, 1999), pp. 331-338.

12 유재명·길병옥, "AI 공격용 드론 개발 방향 및 시사점," 『한국방위산업학회지』, 제30권 제1호(2023), pp. 59-60.

2) 기술안보 차원: AI와 핵의 결합 – 전략 억지의 진화와 비대칭 기술의 정치

21세기 인공지능(AI)의 발전은 군사안보 개념과 억지 구조를 재정의하고 있다. 이는 단순한 무기 자동화나 전장 기술의 진보를 넘어, 억지(deterrence)의 구조와 위협 인식 방식을 변화시키는 질적 전환이다. 특히 핵전력과 AI의 결합은 냉전기 무기의 양적 상호대칭에 기대는 억지 논리('대칭 논리')에서 벗어나, 불확실성과 속도가 좌우하는 다차원 억지로의 이동을 촉진한다.[13] 동시에 이 결합은 상호확증파괴(MAD)의 안정 가정(탐지-결정-보복의 충분 시간)을 단축·왜곡하여, 전략 안정성의 전제 자체를 흔든다.

북한은 전통적 핵전략을 넘어, 무인·자율 체계와 전자·정보전, 사이버 역량을 적극적으로 통합하는 방향으로 전력을 고도화하고 있다. 국내외 분석은 북한이 미사일 전력의 다종화·정밀화와 함께 무인기·순항미사일·극초음속 전력을 확대하며, 지휘·통제·정찰(C2ISR)의 자동화·지능화를 병행하고 있음을 보여준다.[14] 이러한 결합은 단순한 핵보

---

13 Kenneth Payne, *I, Warbot: The Dawn of Artificially Intelligent Conflict* (New York: Oxford University Press, 2021); Michael C. Horowitz, "Artificial Intelligence, International Competition, and the Balance of Power," pp. 36-57.

14 대한민국 국방부, 『2022 국방백서』, (서울: 국방부, 2023); 홍민, "북한의 신형중장거리 극초음속미사일 시험발사 분석," 『KINU Online

유를 넘어 디지털 기반 통제체계와의 연동을 통해 억지의 신뢰성과 응답 속도를 끌어올리려는 전략적 시도로 해석된다.

이 추세는 하라리가 지적하듯, 정보가 사실 전달을 넘어 질서 자체를 재편하는 메커니즘으로 작동한다는 인식과 맞닿아 있다. 정보는 권력이자 통제의 수단이며, AI는 정보 처리의 속도·범위·정밀도를 인간 능력을 넘어서는 수준으로 확장한다.[15] 북한은 AI를 단순한 첨단기술이 아니라, 국제적 인식 구조와 의사결정 메커니즘을 재배열하는 전략 도구로 간주한다.

구체적으로 북한의 AI 결합 전략은 다음 세 갈래에서 억지의 질을 바꾸고 있다.

① 자율무기체계의 고도화

드론, 순항미사일, 극초음속 전력의 증강은 상대의 탐지·추적·요격 난도를 높여 대응 판단 시간을 지연시키고 전장의 예측 가능성을 약화시킨다.[16] 결과적으로 경보-결정-타격 주기가 압축되어 '시간 억지'의 상대적 중요성이

Series』, 24-29, 2024, pp. 1-10.

15 유발 하라리, 김명주 역, 『넥서스』(파주: 김영사, 2024), pp. 86-124.

16 김강녕, "북한의 무인기 위협과 한국의 대응," 『한국과 세계』, 제5권 2호 (2023), pp. 197-232.

증대한다.

② 사이버 기반의 비군사 억지력

대북제재 회피와 외화 조달을 위한 해킹·암호자산 탈취, 공급망·금융 인프라 공격은 물리적 핵전력을 보완하는 비군사적 억지 수단으로 기능한다.[17] 따라서 물리적 보복 임계값을 우회하면서 비용 대비 억지 효과가 증대되어, '정보 억지'가 강화되는 경향이 있다.

③ AI 기반 정보전·심리전의 전면화

자동 생성 콘텐츠, 딥페이크, 조직적 여론 조작은 위협 신호의 진위를 혼탁하게 만들어 임계점 판단을 어렵게 하고, 선제 옵션의 정당화 비용을 높인다.[18] 이로써 위기 시 오경보와 오판의 가능성이 확대되며 '혼란 억지' 환경이 조성될 수 있다.

요컨대 핵과 AI의 결합은 북한에게 정보 억지-시간 억지-혼란 억지라는 층위를 추가해 전략 환경 자체를 재설계

---

17 이승열, "북한 사이버 공격 전략의 진화: 대북제재 회피를 위한 외화벌이 수단으로서 사이버 전략," 『통일정책연구』, 제32권 1호(2023), pp. 323-353.

18 김진하·조한범·정성윤·오경섭·박형중·한기범, 『(KINU 정책연구시리즈 24-01) 김정은 정권 대남전략 전환 분석』(서울: 통일연구원, 2024), pp. 128-133; 송태은, "북한의 사이버 공격과 우리의 대응," 국립외교원 외교안보연구소 『IFANS Focus』, 2022-28K(2022), pp. 1-4.

하는 수단이 된다. 북한의 '핵보유국 인정' 요구는 군사력 수용을 넘어 기술 주권·정보 자율성의 승인까지 포함하는 정치적 메시지로 확장된다. 이에 국제사회는 비핵화 프레임에만 머물지 말고, 핵+AI 결합이 바꿔 놓은 안정 조건에 맞춰 정책 아키텍처를 재설계해야 한다.

3) 질서 재편과 '인정의 정치'의 이중성

북한의 핵무장과 AI 결합 전략은 단순한 군사적 위협을 넘어 국제질서를 재편하려는 정치적 행위로 해석되어야 한다. 특히 '핵보유국으로의 인정' 요구는 생존을 위한 방어전략이 아니라, 국제사회의 상호작용 속에서 자국의 위상을 재정의하려는 정치적 자기정의의 표현이다.

이 인정 요구에 대해 국제사회는 크게 두 갈래로 반응한다. NPT와 유엔 중심 규범의 일관성을 지키기 위해 북한을 비인정 상태로 유지하는 접근과, 북한의 사실상 핵역량과 AI 기반 전략 능력을 현실로 수용하며 위험을 관리하는 비공식 인정(informal recognition) 접근이다. 인도·파키스탄의 사례는 후자의 현실주의적 관리 논리를 보여준다. 두 국가는 NPT 밖 핵보유국이지만, 위험 완화와 규범 관리라는 이유로 제한적 포섭의 대상이 되어 왔다.[19]

19 Oliver Meier, "Nuclear Arms Control and Non-Proliferation after

그러나 '인정의 정치'는 포섭만이 아니라 위계 전복의 가능성도 내포한다. 질서 바깥에서의 인정 요구는 기존 규범과 권위 구조 자체를 흔들며, 새로운 지위와 규칙을 주장하는 정치적 수단이 되기도 한다.[20] 핵과 AI의 결합은 군사 질서뿐 아니라 정보 질서와 권위 구조를 재편하는 수단으로 작동한다. 자동화·지능화된 지휘통제와 경보 체계는 위기 속 의사결정의 속도·복잡성을 증폭시켜, 억지의 계산 방식과 안정성 조건을 근본적으로 바꾼다.[21]

정책적 딜레마도 분명하다. 부분인정은 이란·사우디아라비아·일본 등 잠재적 핵추구국에 유인을 제공해 비확산 체제를 약화시킬 수 있다. 반대로 영구 배제는 북한의 AI 기반 정보전·사이버 공세를 통한 상시 교란을 부추겨, 실질적 대응 능력의 약화를 초래할 수 있다.[22] 따라서 필요한

---

the Indian and Pakistani Nuclear Tests," 『BITS Research Report 99.2』 (1999.9.), pp. 24-27. https://www.bits.de/public/pdf/rr99-2.pdf

20 Erik Ringmar, "The Recognition Game," pp. 120-124.

21 Vincent Boulanin et al., "Artificial Intelligence, Strategic Stability and Nuclear Risk," SIPRI, 2020, pp. 4-7, 33-36. https://www.sipri.org/sites/default/files/2020-06/artificial_intelligence_strategic_stability_and_nuclear_risk.pdf

22 Robert Einhorn, "Non-proliferation Challenges Facing the Trump Administration," Brookings Report, 2017. https://www.brookings.edu/articles/non-proliferation-challenges-facing-the-trump-administration/

것은 이분법을 넘어선 위험감축 설계다. AI-핵 교차위험을 겨냥한 투명성 조치, 데이터·검증 표준, 위기소통 채널, 인공지능 의존성에 대한 휴먼-인-더-루프 가이드라인과 신뢰구축조치(CBMs)를 제도화해, 규범(비확산)과 안정성(위험감축)을 동시에 강화해야 한다.[23] 이러한 비공식 인정의 관리 딜레마에 대한 지위(인정) 관리-위험감축의 이중 트랙 해법은 제3장에서 제시한다.

3. 핵보유국 인정의 딜레마, AI 시대 질서 재편의 문턱에서

핵전력과 인공지능(AI)의 결합은 탐지-경보-결정-보복으로 이어지는 주기의 속도를 끌어올리고 정보 혼탁을 증대시켜, 억지의 구조변수(속도·정보·불확실성)를 재배치하는 경향이 있다. 이로 인해 북한의 핵무장과 AI 결합 전략은 단순한 전력 증강을 넘어 국가 정체성과 국제질서 내 위상 재정립을 겨냥하는 정치적 행위로 볼 여지가 크다. 핵이 물리적 억지의 기반을 제공한다면, AI는 인식과 의사결정 환경을

23 Ioana Puscas, "Confidence-Building Measures for Artificial Intelligence," UNIDIR, 2022, pp. 5-11. https://unidir.org/files/2022-12/Confidence-Building_Final.pdf

재구성함으로써 '핵=안보 위협'이라는 전통적 도식을 '핵+AI=질서 도전'으로 전환시킬 가능성이 높다. 북한의 '핵보유국 인정' 요구 역시 기술력의 승인에 머무르지 않고, 정치적 위상·전략적 자율성·기술 주권·정보 자율성에 관한 포괄적 승인을 지향하는 것으로 해석될 수 있다.

이에 대한 국제사회의 대응은 대체로 두 경로로 요약된다. 하나는 핵확산금지조약(NPT)과 유엔 중심 규범의 일관성을 지키기 위해 비인정 상태를 유지하는 접근이고, 다른 하나는 사실상의 핵 역량과 AI 기반 전략 능력을 현실로 수용하면서 위험을 관리하려는 비공식 인정 접근이다. 전자는 규범의 선명성을 확보하는 장점이 있으나 현실 대응의 유연성에서 제약이 따를 수 있고, 후자는 관리 효율을 높일 수 있으나 규범 예외의 확장이라는 비용을 수반할 소지가 있다. 더 근본적으로, 인정의 정치는 포섭의 장치이자 위계 전복의 잠재성을 동시에 품는다. 특히 핵+AI 결합이 자동화·지능화된 지휘통제와 경보 체계를 통해 위기 시 의사결정의 속도와 복잡성을 증폭시키는 만큼, 억지의 계산 방식과 안정 조건은 일정한 상황에서 재설계를 요구할 가능성이 크다.

이러한 맥락에서 정책적 딜레마가 발생한다. 부분적 포섭은 이란·사우디아라비아·일본 등 잠재적 핵추구국에 유인을 제공하여 비확산 체제의 규범적 기반을 약화시킬 위험이 있고, 반대로 영구 배제는 AI 기반 정보전과 사이버 공세를 통해 상시적 교란과 오판·우발 위험을 증폭시켜 실질적 대응력이 저하될 소지가 있다. 전면 수용과 전면 배제의 이분법을 넘는 설계가 요구되는 이유다.

본 연구는 이에 대한 제도적 해법으로 지위(인정) 관리-위험감축의 이중 트랙을 제안한다. 첫째, 지위(인정) 트랙에서는 공식 인정은 보류하되, 사실상의 핵·AI 역량을 전제로 한 단계적, 의제 제한적 관리·대화의 틀을 검토할 수 있다. 목표는 규범의 일관성을 유지하면서도 현존 위험에 대응 가능한 상호작용 채널을 마련하는 데 있다. 이를 위해 사고 방지·위기관리 등 기술적 의제를 중심으로 한 협의체를 운용하고, 비확산 원칙과의 정합성을 정기적으로 점검하는 '규범 적합성 평가'를 병행하는 방안을 제시한다. 둘째, 위험감축 트랙에서는 핵-AI 교차위험을 겨냥한 실무적 장치를 촘촘히 구축하는 것이 유효하다. 최소 통지(minimum notification) 기준, 상시 작동하는 위기소통 채널(핫라인), 인간 통제 원칙과 자동화 의존 상한(human-in-the-loop / human-on-the-loop) 설정, 오경보 공유·완충 프로토콜, 정보조작 대응 규칙(딥페이크·봇 여론전의 식별·검증·완화), 군사·정보 영역의 단계적 신뢰구축조치(CBMs) 등이 핵심적 옵션이 될 수 있다.

이러한 장치들은 탐지-경보-결정의 각 단계에서 속도 과잉과 정보 혼탁을 완충하여, 정보 억지·시간 억지·혼란 억지로 재편된 환경에서도 임계점 관리 능력을 회복하도록 설계된다.

요컨대 북한의 '핵+AI' 전략은 무기 체계의 문제가 아니라 질서 구성 규칙을 둘러싼 정치 게임에 가깝다. 제안한 이중 트랙 – 지위 문제의 신중한 관리와 교차위험의 적극적 감축 – 은 검증·집행상의 제약을 감안하더라도 유력한 정책 옵션으로 평가될 수 있다. 국제사회는 이 접근을 통해 정보 중심 질서로의 이행기에 발생하는 불확실성을 관리하고, 동시에 확산 유인을 최소화하는 새로운 규범·기술 아키텍처를 구축함으로써 전략 안정성을 높일 가능성이 있다.

한계와 적용 범위에 관해, 본 제안은 공개 자료와 비교 사례에 근거한 이론적 추정에 의존한다. 북한의 비공개 역량과 의사결정 구조에 대한 불확실성이 존재하며, 제도 설계의 효과는 동맹 조정 상태, 제재 집행 수준, AI 기술의 발전 속도 및 상호 운용성 등에 따라 달라질 수 있다. 따라서 제안된 장치들은 단계적 시험 적용과 피드백을 전제로 한 점진적 도입이 바람직하다.

끝으로, 후속 연구 과제로 세 가지를 제시한다. 첫째, 실제 위기 시나리오를 가정한 시뮬레이션과 게임 이론 분석을 통해 억지 안정성과 의사결정 과정에 미치는 영향을 정량적으로 검증할 필요가 있다. 둘째, 북한 사례를 인도·파키스탄·이스라엘 등 비NPT 체제 핵보유국 및 AI 전략 보유국과 비교하여 교차위험 관리의 보편성과 특수성을 식별해야 한다. 셋째, AI 기술 발전과 국제정치 환경 변화에 따라 기술 주권·정보 자율성과 관련된 규범 형성 과정을 장기적으로 추적·분석함으로써, 국제규범과 전략 안정성 간의 균형을 모색할 필요가 있다. 이러한 후속 작업은 본 논문이 제시한 분석틀을 다양한 사례·방법론으로 확장하여, 핵·AI 시대의 전략 안정성과 질서 재편 논의에 기여할 것이다.

참고문헌

1. 국문

1) 단행본

김보미. 『(INSS 연구보고서) 북한의 핵개발 전략 변화: 냉전기에서 핵무력 완성기까지(1948~2017)』. 서울: 국가안보전략연구원, 2021.

김진하·조한범·정성윤·오경섭·박형중·한기범. 『(KINU 정책연구시리즈 24-01) 김정은 정권 대남전략 전환 분석』. 서울: 통일연구원, 2024.

대한민국 국방부. 『2022 국방백서』. 서울: 국방부, 2023.

유발 하라리, 김명주 역. 『넥서스』. 파주: 김영사, 2024.

2) 논문

구갑우. "북한의 '우리 국가제일주의' 담론의 계보학." 『현대북한연구』. 27권 1호, 2024, pp. 9-53.

김강녕. "북한의 무인기 위협과 한국의 대응." 『한국과 세계』. 제5권 2호, 2023. pp. 197-232.

송태은. "북한의 사이버 공격과 우리의 대응." 국립외교원 외교안보연구소 『IFANS Focus』. 2022-28K(2022), pp. 1-4.

유재명·길병옥. "AI 공격용 드론 개발 방향 및 시사점." 『한국방위산업학회지』. 제30권 제1호, 2023, pp. 59-72.

이승열. "북한 사이버 공격 전략의 진화: 대북제재 회피를 위한 외화벌이 수단으로서 사이버 전략." 『통일정책연구』. 제32권 1호, 2023, pp. 323-353.

홍민. "북한의 신형중장거리 극초음속미사일 시험발사 분석." 『KINU Online Series』. 24-29, 2024, pp. 1-10.

2. 영문

1) 단행본

Buzan, Barry and Ole Wæver. *Regions and Powers: The Structure of International Security.* Cambridge: Cambridge University Press, 2003.

Payne, Kenneth. *I, Warbot: The Dawn of Artificially Intelligent Conflict.* New York: Oxford University Press, 2021.

Wendt, Alexander. *Social Theory of International Politics.* Cambridge: Cambridge University Press, 1999.

2) 논문

Boulanin, Vincent., et al. "Artificial Intelligence, Strategic Stability and Nuclear Risk." SIPRI. 2020, pp. 1-145. https://www.sipri.org/sites/default/files/2020-06/artificial_intelligence_strategic_stability_and_nuclear_risk.pdf

Einhorn, Robert. "Non-proliferation Challenges Facing the Trump Administration," Brookings Report. 2017. https://www.brookings.edu/articles/non-proliferation-challenges-facing-the-trump-administration/

Horowitz, Michael C. "Artificial Intelligence, International Competition, and the Balance of Power." *Texas National Security Review.* Vol. 1, Issue 3, 2018, pp. 36-57.

Meier, Oliver. "Nuclear Arms Control and Non-Proliferation after the Indian and Pakistani Nuclear Tests." 『BITS Research Report 99.2』 (1999 9.), pp. 1-60. https://www.bits.de/public/pdf/rr99-2.pdf

Puscas, Ioana. "Confidence-Building Measures for Artificial Intelligence," UNIDIR, 2022, pp. 1-12. https://unidir.org/files/2022-12/Confidence-Building_Final.pdf

Ringmar, Erik. "The Recognition Game: Soviet Russia Against the West." *Cooperation and Conflict*. Vol. 37, No. 2, June 2002, pp. 115-136.

Wendt, Alexander. "Anarchy is What States Make of It: The Social Construction of Power Politics." *International Organization*. Vol. 46, No. 2, Spring 1992, pp. 391-425.

3

인정의 의미에 대한 설명, 또는 조건부 주장

AI 시대에도 북한은 핵보유국으로 인정받으려 할 것이다

김영욱 (통일부)

1. 서론

국제정치에서 핵무장은 단순한 군사력 강화가 아니라 국가의 정체성과 지위를 둘러싼 정치적 상징이기도 하다. 특히 북한의 경우, 핵무기는 단순한 안보 수단을 넘어서 국가로서의 인정(recognition)을 요구하는 정치적 메시지로 기능해 왔다.

기존의 논의는 핵개발을 국가의 생존을 위한 전략으로 해석한다. 이러한 관점에서 북한의 핵개발은 생존 전략이다. 그러나 북한이 스스로 "핵강국의 절대적 힘을 확보했다"[1]고 하면서 국제사회에서 핵보유국으로 인정받고자 하-

1 "'핵보유국' 운운한 北…국제사회는 핵보유국 지위 불인정," 『연합뉴스』, 2024.10.17. https://www.yna.co.kr/view/AKR20241007016800009

는 것은 단순히 국가의 생존만을 위해서는 아닐 것이다. 이에, 북한의 핵보유에 대해 인정이론의 관점에서 분석하는 것도 의미가 있다고 하겠다.

이하에서는 '인정이론'의 관점에서 북한의 핵보유국 인정 요구가 어떤 국제정치적 의미를 가지는지를 살펴보고자 한다. 특히 인공지능(AI) 시대라는 전략환경 변화 속에서 북한을 핵보유국으로 인정하는 것이 어떤 상호주체적 함의를 지니는지를 분석한다.

2. 북한을 핵보유국으로 인정한다는 것의 의미

인정이론은 인간 개인뿐 아니라 국가도 '다른 주체로부터 인정받고자 하는 욕구'를 갖는다고 본다. 호네트(A.Honneth)는 인정욕구가 세 가지 차원에서 작동한다고 정리하고 있다. 첫째는 제도적 평등, 국제적 지위와 같은 '법적 인정'의 차원이다. 둘째는 동등한 파트너로서의 존중을 바라는 '사회적 인정', 마지막으로 존재의 가치와 존엄에 대한 인정과 관계된 '정서적 안정'이다.

북한이 국제사회에서 줄곧 요구해온 것은 단순한 안보 보장이 아니라 핵보유 국가로서의 지위 인정이었다. 이를 인정이론의 관점에서 볼 때 핵보유국 승인은 곧 국가 정체성과 존엄성의 승인 요구라고 볼 수 있다.

북한이 존엄성의 승인을 통해 얻을 수 있는 것은 다음과 같다. 첫째. 정당한 주권국가로서의 대우이다. 미국이나 국제사회는 북한을 '불량국가'나 '위협'으로 간주해 왔지만 북한은 핵보유국이자 책임 있는 국가로 인정받고자 한다. 둘째, 남한과의 대등성 확보이다. 남북 간 체제 경쟁 구도에서 핵무기는 남한과 미국의 동맹 구조를 상쇄하고 '자주국가'로서의 정체성을 드러내는 상징이다. 셋째, 국제질서 내 위치 확보이다. 핵무기는 단지 무기가 아니라 국제질서에 목소리를 낼 수 있는 입장권(ticket to the table)으로 간주되기 때문에, 북한은 핵보유국으로 인정받음으로써 일정한 지위를 확보할 수 있을 것이다.

즉, 국제사회가 북한을 핵보유국으로 인정하는 것은 단순히 기술적 사실을 승인하는 것이 아니라 다음과 같은 정치적 메시지를 내포하게 된다. 첫 번째는 존재의 승인이다. 북한을 '책임 있는 국제 행위자'로 간주하게 되며, 이는 북한이 줄곧 요구해 온 국가 정체성의 승인을 수용하는 셈이 된다. 두 번째는 지위의 상승이다. 핵무기를 매개로 북한은 동북아 질서의 구성원으로 새롭게 편입된다. 이는 지역 정치질서의 상징 구조(symbolic order)를 바꾸는 일이기도 하다.

세 번째, 도덕적 양가성의 인정이다. 인정은 관계의 수립이지만 동시에 핵확산의 도미노 효과를 유발하거나 규범의 타협을 의미할 수 있다. 이때 인정은 '도덕적 타락'으로도 읽힐 수 있다.

3. 인공지능 시대 북한 핵무기의 가치

이상과 같은 논의는 핵무기가 가지고 있는 패권적 기술이라는 위상에 기인한다. 핵무기를 가진 국가는 생존의 문제로부터 비교적 자유로워질 뿐만 아니라, 역내 패권 국가로서의 위치까지도 생각할 수 있다.

문제는 인공지능 시대에 핵무기가 예전과 같이 패권적 기술로서 독점적인 지위를 가지고 있지 못하다는 데 있다. 왜냐하면 현재의 인공지능은 일종의 패권적 기술로 인식되고 있기 때문이다. 인공지능 기술은 국제질서의 지식 기반 권위를 강화하고 있고. 이에 따라 인공지능 및 디지털 기술력을 보유한 국가들이 중심이 되는 새로운 국제정치 질서가 만들어질 것이라는 예측도 나오고 있다.

인공지능은 무기로서의 활용도도 크다. 인공지능은 사이버 공격 감시, 여론 조작 등 정보적 차원의 비대칭 전략 무기로서 활용될 수 있다. 이때 인공지능 기술에 대한 접근성과 통제권이 특정 국가에 집중될 경우 기술적 불균형이 힘의 비대칭을 심화시킬 수 있다. 이에 따라 소위 'AI 강국'은 전통적인 전략무기의 보유국가가 가진 상징적 지위를 얻을 수도 있을 것이다.

이러한 맥락에서 북한은 기술주권을 가지고 있지 못하다. 북한은 인공지능 사이버 능력에서 체계적 약자로 남아 있다. 그래서 북한은 핵무장을 통한 지위 상승에 더 열을 올릴 가능성이 높다. 결국 북한은 AI 시대에 새로운 중심 국가들에 의한 배제를 두려워하며 핵무기를 통해 여전히 주체적 국가로서의 지위 확보를 시도하고 있는 것이다.

다만 인공지능은 당분간은 핵무기의 지위를 완전히 대체하지는 못할 것으로 보인다. 왜냐하면 인공지능은 사이버, 전자전과 같은 영역에서 강한 무기로 사용될 수는 있어도, 직접적인 물리적 파괴력을 가지고 있지는 못하기 때문이다. 즉 인공지능의 역할은 새로운 전장을 설정하는 데 있을 것으로 보이며, 이는 핵무기를 대체한다고 보기 어렵다.

그러한 이유로 인공지능 시대에도 핵무기의 전략적 가치는 높으며, 이에 핵국가가 가진 위상도 크게 떨어지지는 않을 것으로 보인다. 따라서 북한을 핵국가로 인정하는 것이 가지는 정치적 메시지, 즉 존재의 승인이자 지위의 상승으로서의 의미는 여전할 것이라 생각한다.

4. 결론

이상에서는 인공지능 시대에 북한을 핵국가로 인정한다는 것이 어떤 의미인지를 논해보았다. 그 전제로서 북한의 핵무장을 '구조적 대응'으로 이해하는 신현실주의와는 달리 인정이론은 그것을 정치적 메시지이자 존엄에 대한 존중 요구로 해석한다는 것을 살펴보았다. 핵무기는 단순한 억제 수단이 아니라, 국가의 존재가 타자에 의해 승인받는 과정에서 기능하는 정치적 상징이다.

인공지능 시대는 새로운 기술 지식·권력이 국제질서를 재편하는 시대이다. 이런 상황에서 북한의 핵보유국 지위 인정은 기존 질서에서 배제되어 온 한 국가가 자기 존재를 세계에 다시 쓰는 인정의 투쟁이라는 점에서, 단순한 군사적 승인 이상의 함의를 여전히 지닌다.

AI 시대의 북한 핵 문제

핵 억제의 모순과 규범의 빈틈

김해인 (북한대학원대학교)

AI 시대에 북한을 핵보유국으로 인정한다는 것은 어떤 의미인가? 이 질문은 단순한 군사·외교적 입장의 전환을 넘어, 정보기술과 인공지능이 국제질서, 안보 인식, 국가 정체성에 어떤 영향을 미치는가를 근본적으로 묻는 문제다. 이에 대한 분석은 크게 두 가지 관점으로 전개될 수 있다. 첫 번째는 북한이라는 행위자 자체에 대한 관점이고 둘째는 북한을 바라보는 국제사회에 대한 관점이다. 즉, 첫째는 북한이라는 핵보유 행위자를 AI가 기술적으로 어떻게 인식하고 해석할 수 있는가의 문제이고, 둘째는 AI 시대에 국제사회가 북한의 핵보유를 어떻게 수용하거나 대응하며, 그 과정에서 AI가 어떤 역할을 수행하는가의 문제이다.

AI가 북한의 핵보유 동기와 전략적 태세 등 북한 너의 것들을 정확히 인식하고 해석할 수 있는지에 대해 먼저 생각해 보자면, 가장 먼저 우려되는 것은 북한에 대한 정보 부족이다. 북한은 대표적으로 폐쇄적인 국가이기에 정보에 대한 접근성이 상당히 제한된다. AI가 위성 정보, 북한 지도부의 발언 패턴, 군사 훈련 데이터를 기반으로 일정 수준의 분석과 예측을 수행할 수는 있겠지만, 북한 관련 정보 접근 자체가 구조적으로 제한되어 있으며, 정보량 또한 다른 국가들에 비해 현저히 부족하다는 점은 부정할 수 없다. 결국 AI는 충분하지 않은 내부 데이터를 바탕으로, 외부 관측과 해석에 의존할 수밖에 없고, 이러한 정보들은 외부적 시각에 기반한 편향이나 해석상의 왜곡 가능성을 내포하고 있다. 따라서 AI가 도출한 분석 결과 역시 객관성과 신뢰성 면에서 한계를 가질 수밖에 없으며, 그 판단을 절대적인 사실로 받아들이기는 어렵다.

위 문제 제기가 북한 관련 정보의 특성에서 발생했다면, 다른 문제는 AI의 특성 자체에 있다. AI는 북한의 핵보유 목적이 자위적 억제에 국한되는지, 혹은 그 이면에 공격적 의도가 존재하는지를 높은 신뢰도로 식별하기 어렵다. 물론, 기존 데이터를 바탕으로 북한이 핵무기를 실제로 사용할 가능성이 낮다고 확률적으로 추론할 수는 있다. 그러나 이러한 판단은 어디까지나 기술적·통계적 계산에 기반한 예측일 뿐, 정치적 신뢰, 윤리적 판단, 북한 내에서 공유해 온 역사적 맥락과 규범까지 아우를 수는 없다. 특히, AI는 인간과 달리 윤리, 관용, 억제라는 개념에 대한 정서적·문화적 이해가 결여되어 있으며 국제사회가 암묵적으로 공유해 온 '핵의 보유와 사용에 대한 금기'를 이해하지 못할 수 있다. 사실 현 국제사회에서도 핵무기 사용에 대해 완벽히 위법화하지 않았다. 그렇다는 것은 더욱 AI의 분석 결과가 적합하지 못할 수도 있다는 것이다. 이 부분은 두 번째 국제사회의 관점에서 자세히 서술하고자 한다.

다시 돌아와서, 핵무기 자체가 본질적으로 인간 심리의 모순이다. 핵무기를 정당화하는 억제는 상대방이 공격하지 못하도록 자신이 강력한 무기로 먼저 공격할 수 있다는 가능성을 암묵적으로 내세우는 전략이다. 사용하지 않기 위해 보유하면서도, 동시에 사용할 수 있음을 전제로 삼는 것이다. 핵억제는 '절대 사용하지 않을 무기'를 '언제든 사용할 수 있는 무기'로 만드는 이중적 태도를 전제로 한다. 과연 핵을 개발하고 보유하려는 인간, 그 인간들의 집단인 국가의 모순적 심리를 AI는 이해할 수 있을 것인가? AI는 전략, 행동, 위협 수준 등을 분석할 수는 있어도, 그 이면에 내재한 인간의 모순적 감정과 정치적 긴장, 불안정한 정체성까지 포착하기에는 한계가 있다.

한마디로 그러한 AI의 판단은 현실 적용에 있어 적합성이 떨어질 수 있으며, 자칫하면 인간의 생존과 도덕적 기준을 위협하는 방향으로 강화될 수 있다는 것이다. 결론적으로 AI는 인간의 심리와는 다른 방식으로 핵 사용 가능성을 판단하거나, 인간 사회에서는 결코 받아들여질 수 없는 방식을 제시할 위험이 있다.

두 번째는 국제사회가 북한의 핵보유를 현실적으로 받아들이는 과정에서 AI는 어떤 역할을 수행하는가이다. 북한을 핵보유국으로 사실상 인정하는 움직임은, 단순한 외교적 태도에 대한 논의뿐만 아니라 AI가 제공하는 전략 분석, 위협 예측, 군사적 시나리오 등의 기술적 판단과 밀접하게 연결된다. AI는 북한의 핵능력과 행동 패턴을 분석하고, 그 결과를 바탕으로 국제사회의 대응 방향 – 예컨대 제재 유지, 억제 강화, 혹은 조건부 수용 – 을 정당화하거나 조정하는 데 사용될 수 있다. 물론 모든 국가가 북한에 대해 동일한 관점을 갖고 있는 것은 아니지만, 여전히 대북 적대적 기조가 강하게 유지되고 있는 현실에서, 북한의 핵보유를 인정하는 것은 그 자체로 정치적·군사적 대응을 촉발할 수 있는 결정이다. 이 과정에서 AI는 단순한 분석 도구로 머무르지 않고, 정치적 활용이 가능한 수단이 된다. 이러한 경향은 국제사회가 공유해 온 핵 비확산 규범을 점차 흐리게 만들고, 기술적 합리성에 기대어 규범적 판단을 유보하는 새로운 정치적 질서의 징후일 수 있다.

특히 주목할 점은, 핵무기 사용 자체가 아직 국제법상 명확히 위법화되어 있지 않다는 사실이다. 이는 단지 북한만의 문제가 아니라, 북한의 핵보유에 직·간접적으로 관련된 다른 핵보유국들 역시 핵억제 전략을 활용하고 있는 현실과 맞닿아 있다. 이와 관련해, 1996년 7월 국제사법재판소(ICJ)는 UN 총회의 요청에 따라 "핵무기 사용의 합법성(legality of the use of nuclear weapons)"에 대한 자문 의견을 발표했다. 이 의견에서 ICJ는 전술핵이라 하더라도 민간인과 제3국에 대한 막대한 피해를 피하면서 특정 군사 표적만을 공격하는 것은 사실상 불가능하다고 명시했으며, 핵폭발 반경 수백 미터에서 수십 킬로미터까지 모든 인간 생명이 사라지며, 생존자들은 짧게는 몇 분, 길게는 수년 내에 사망하거나 유전자 변형 등 심각한 후유증에 시달린다는 것을 인정했다. 핵무기의 특성은 독성 무기나 화학무기와 유사하여 대량 학살(genocide)을 초래할 수 있는 등, 결론적으로 핵무기는 불필요한 고통과 죽음을 유발한다는 점에서 국제인도법(IHL)에 위배된다고 평가되었다. 이에 따라 핵무기의 위협 또는 사용은 무력충돌법에 원칙적으로 위반된다는 결론을 내렸다.

그러나 ICJ는 동시에 자위 상황이나 국가 생존을 위해 필요한 경우, 핵무기의 위협 또는 사용의 위법성에 대해서는 판결할 수 없다는 입장을 덧붙였다. 또한 독성 무기의 사용 금지를 규정하는 헤이그 협약, 생화학 무기 금지를 명시한 제네바 의정서가 핵무기에 직접 적용되지 않는다는 논리적이지 못한 판결까지 내놓는다. 결론적으로 ICJ는 핵무기 사용의 불법성을 완전히 확정짓지 않고, 일정 상황에서는 사용 가능성을 열어두었다. 이는 곧 핵무기의 위법성에 관해 현재까지도 국제사회에서 명확하게 정리되지 않았으며, 핵무기 보유 자체의 심리적 모순이 그러했듯 핵무기 사용에 대한 국제적 규범 또한 여전히 불완전한 상태라는 의미이다. AI가 ICJ의 판결을 수용한다면 '한 국가의 생존을 위해서라면 대다수 국가들의 영토, 환경, 그리고 사람들의 건강이 심각하게 침해될 수 있는 핵무기를 사용해도 된다'라는 주장을 수용하는 것과 다를 바 없다. AI의 결과치에는 핵무기 사용에 대한 윤리적·규범적 경계선이 무너져 있을 수 있으며, 핵무기를 '생존을 위한 전략적 수단'으로 정당화하는 방향으로 작동할 수 있다. 특히 인간의 고통이나 파괴에 대한 감정적 공감이 존재하지 않는 AI로 인해 핵 사용의 문턱이 낮아지는 효과가 발생할 수도 있으며, 인공지능이 '정당한 자위'라는 명분 아래 핵무기의 사용을 합리화하는 시나리오를 열어준다.

구성된 핵국가

AI와 국제질서 속 북한

유도일 (경남대학교 극동문제연구소)

1. 왜 인정의 문제가 중요한가?

2020년대 들어 초거대 생성형 인공지능(이하 AI)의 급속한 발전은 국제정치 질서에 근본적인 변화를 야기할 것이라는 전망이 대두되고 있다. '지브리 스타일' 열풍을 일으키며 일상생활 영역까지 침투한 ChatGPT, DeepSeek 등 AI 모델은 단순한 기술 수준을 넘어 정보의 수집, 해석, 결정 구조까지 재편할 것으로 예상된다. 이러한 전환은 군사 및 전략 분야, 특히 핵무기 보유국 간의 억지 체계와 인식 구조에까지 영향을 미친다. 북한은 사실상 핵능력을 확보했음에도 불구하고 국제사회에서 핵보유국으로의 공식 인정은 여전히 거부당하고 있다. 2023년 11월 13일 제55차 한미안보협의회의(SCM)에서 한미 국방장관은 북한의 핵 및 미사일 위협에 대비하고 동맹의 탐지능력을 향상시키기 위해 미국 '조기경보위성정보공유체계(SEWS, Shared Early Warning System)'에 대한 협력을 더욱 강화해 나가기로 합의하였다. 이는 우주배치적외선체계 위성(SBIRS: Space-Based Infrared System)[1] 등으로부터 북한의 위협에 대한 정보를 실시간으로 직접 받게 되는 것뿐만 아니라 상황 평가 및 대응 방법을 공유하는 대응 조율도 포함하는 것이다(RFA, 2023). 이런 논의가 진행되는 것은 북한의 핵능력이 인정을 받지는 못하지만 이미 전략적 현실로서 감지 및 대응되고 있음을 보여준다. 이 같은 배경에서 본고는 AI 시대에 북한을 핵국가로 "인정하지 않는다", "인정할 수 없다", "부분적으로 인정한다"는 각 선택이 어떠한 전략적 함의와 정치적 효과를 갖는지를 살펴보고자 한다. 이를 통해 우리는 '인정'이 단지 법적/군사적 개념이 아니라, AI 기반 정보 체계와 전략적 인식의 정치 속에서 재구성되는 행위임을 보이고자 한다.

2. 핵국가 지위와 인정의 관계

그렇다면 인정이란 무엇인가? 국제관계에서 인정(recog-

---

1 2022년 미국의 이 위성은, 정점고도가 낮고 비행거리가 짧은 신형 탄도 미사일 2발을 북한이 발사했음을 확인했다. 당시 한국과 일본은 즉각적으로 해당 미사일에 대해서 탐지할 수 없었다.

nition)은 한 국가의 존재나 체제를 다른 국가 또는 국제사회가 정치적, 외교적, 법적으로 수용하고 수교하거나 대응의 주체로 간주하는 행위를 말한다. 이는 법적 인정, 사실상의 인정, 정치적/전략적 인정의 차원에서 이해될 수 있는데 북한은 이 세 층위를 교차하는 특이한 존재이다. UN 가입을 통해 법적 인정을 받아 다양한 국가들과의 외교 관계를 맺고 있으나 '핵보유국'으로서의 법적 지위는 거부되고 있다. '인정'은 단순히 존재의 승인 문제가 아니라, 상대를 어떤 규범 체계와 전략 구조 속에 위치시키느냐의 문제이다. 특히 AI 시대에는 이 '인정'의 판단이 인간이 아닌 알고리즘과 정보체계에 의해 구성될 가능성마저 존재한다는 점에서 새롭게 조명될 필요가 있다.

핵무기를 보유한 국가를 어떻게 정의하고 구분할 것인가는 냉전 초기부터 국제정치의 핵심 쟁점 중 하나였다. 일반적으로 '핵국가(핵보유국)'는 두 가지 경우로 나뉜다. 첫째, '국제법상(협약상)의 핵국가'이다. 1968년 채택된 핵확산금지조약(NPT)의 제9조 3항은 1967년 1월 1일 이전에 핵무기를 제조·폭발시킨 국가들을 '공식 핵국가(five nuclear-weapon states)'로 인정하고 있으며, 미국, 러시아, 영국, 프랑스, 중국이 이에 해당한다. 둘째, '사실상의 핵국가(de facto nuclear states)'[2]이다. 이들 국가는 조약 외부에 있거나 탈퇴한 국가로, 법적으로는 비핵국가지만 현실적인 능력과 전략적 억지력을 갖추고 있는바 실질적인 핵보유국으로 기능한다.

역사적으로 핵국가의 의미는 냉전기를 기점으로 변화했다. 미국과 소련의 상호확증파괴(MAD) 구조의 냉전기에서 핵국가의 의미는 핵탄두의 수와 운반 능력, 그리고 2차 타격 능력에 기반을 두었다. 이후 탈냉전기에 접어들며 핵무기 보유의 상징성, 정치적 영향력, 비국가행위자의 대응능력 등이 포함되어 보다 포괄적으로 확장되었다. 예컨대 인도는 1974년 '평화적 핵폭발' 이후 핵국가로 인정받지 못했지만, 1998년 핵실험과 2005년 미국과의 원자력 협정을 계기로 사실상 핵국가로 수용되었다. 북한은 2006년 첫 핵실험을 감행한 이후 수차례의 실험을 통해 핵무기 소형화, 운반체계(미사일) 확보 등 전략적 억지 능력을 갖췄다는 평가를 받고 있다. 그러나 국제사회는 이를 법적으로 인정하지 않을뿐만 아니라 사실상의 핵국가로도 인정하지 않으며 제재와 고립 정책을 유지하고 있다. 이는 핵국가로의 인정은 국제정치적 맥락과 전략적 필요에 따라 결정되

2 인도, 파키스탄, 이스라엘이 있다.

며, 핵국가 지위는 단지 기술적 기준을 넘어서 정치적 인정 행위에 의하여 구성된다는 점을 보여준다.

3. 인공지능 시대의 전략적 인식과 핵국가 개념의 재구성

AI 기술 발달은 단지 정보 분석의 효율성을 높이는 것을 넘어 국제정치에서 '의협', '능력', '국가'라는 개념 자체를 재구성함으로서 정치적 인정 행위의 주요 변수로 작동하고 있다. Alexander Wendt는 구성주의 관점에서 '국가는 실재가 아니라 상호 인식의 결과'라고 주장했으며, 이 원리는 핵국가 지위에도 적용된다. 즉, 특정 국가가 핵무기를 보유했다고 하더라도 핵국가 지위를 자동으로 갖는 것이 아니라 (전술한 사례에서 보듯이) 국제사회가 해당 국가를 '핵국가'로 인정해 주어야 하는 주관적 인식의 문제다. 인공지능은 이 인식 과정을 비인간적이고 자동화된 연산과정으로 치환하여 '핵국가'라는 개념의 구성을 바꾸는 역할을 하고 있다. 알고리즘 기반의 데이터 분석을 통한 핵무기 보유 여부나 그 위협에 대한 판단이 인간의 해석을 거치지 않고 실시간으로 이루어지는 시대가 도래하는 흐름에서 핵국가라는 지위는 더이상 고정된 것이 아니라 지속적으로 구성되는 대상이 되고 있는 것이다. 이와 함께 최근 안보 주체가 무기와 인간, 정보의 상호작용을 바탕으로 재구성되며 기술이 안보 개념 그 자체를 바꾸고 있다는 주장도 제기되고 있다. 이를 종합하면 핵국가 지위는 기술-정보 체계-인식 간 상호작용 속에서 구성된다고 정리할 수 있다.

AI 기술 발달은 세 가지 측면에서 핵국가 개념에 변화를 가져온다. 첫째, 실시간 위협 판단과 예측이다. 핵실험, 미사일 발사 등을 AI가 자동으로 감지·평가함에 따라 특정 국가의 핵능력이 사실상 '지속 감시 대상'이 된다. 이는 핵국가 지위가 기술적 감시의 대상이 되는 패러다임으로 전환되는 것을 의미한다. 둘째, 정책 결정 자동화의 증가이다. AI 분석 보고서가 고위 정책결정자의 의사결정에 선제적으로 영향을 미침으로써 '핵국가 여부'에 대한 실질적 판단이 정치적 수사보다 앞선 기술적 분석에 의해 주도되고 있다. 셋째, 정보 주권의 비대칭성이다. AI 기술과 데이터 분석 능력을 보유한 국가들이 핵능력 평가와 관련된 인식 구도를 선점하게 되며, 이는 핵국가 개념도 특정 기술 보유국에 의해 정의되는 결과를 낳는다. 다만 이 경우 북한처럼 AI 역량이 부족한 국가는 자국의 핵국가 지위에 대해 스스로 서사할 수 없고, 외부에 의해 정의된다.

AI 시대의 핵국가 개념은 단지 무기의 보유 여부가 아니라, 'AI에 의한 지속적 위협 데이터화'와 '정책적 판단 과정에서의 자동화된 인정'을 통해 구성되는 존재로 전환되고 있는 것이다. 이는 인간 중심의 외교 및 군사전략 사고를 넘어서 정보체계가 핵질서를 해석하고 구조화하는 새로운 국면이 도래했음을 의미한다. 미 국방부(U.S. Department of Defense)가 2023년 6월 발표한 『데이터, 분석, 인공지능 활용 전략서(Data, Analytics, and Artificial Intelligence Adoption Strategy)』의 서두에서 AI에 주목하는 이유에 대해 "더 좋은 결정을 더 빠르게 해주기 때문"이라고 강조한 것은 많은 것을 생각하게 한다.

'북한은 핵국가인가'라는 질문에 대해, 이제 실제 판단이 아닌 정보체계와 군사전략에 입력되는 변수를 통해 답해야 한다.

4. AI 시대의 북한은 핵국가인가?

AI 시대의 북한을 핵국가로 '인정하지 않는다'는 것은 무시 전략의 기술적 역설을 만든다. AI 시스템은 북한의 핵능력을 실체로 인식하지만 이를 정치적으로 부정할 경우 전략적 판단과 현실 인식 사이의 괴리가 심화된다. 예를 들어 2025년 북한이 극초음속 미사일 시험 발사에 성공했다는 주장에 대해 한국 정부는 성능에 대한 기만 가능성이 높으며, 한반도에서는 성능 발휘가 어려울 것이라고 발표했다(국방부, 2025.1.7.). 그러나 이는 국제 정보체계의 기술적 판단과 배치되는 것이었다(Asiatimes, 2025.1.16.). 이처럼 무시 전략은 현실 외면을 낳고 AI 기반 판단 시스템과 정책 판단 간 충돌을 유발할 수 있다. '인정할 수 없다'라는 선택지는 어떻게 되는가? NPT 체제의 규범을 유지하기 위해 북한의 핵보유를 법적으로 수용하지 않는 것은 제도적 일관성을 유지할 수는 있지만 사실상의 인정에 기초하고 있다. 2024년 한미연합군사연습 '을지프리덤실드'에서 북핵을 상정한 시나리오가 적용되느냐는 질문에, 러캐머라 한미연합사령관 겸 주한미군사령관은 "그것은 시나리오에 없다"고 밝혔지만 실제로는 북핵 대응 주민보호본부가 운영되었다(경향신문, 2024.8.12.). 이는 제도상 불안정과 현실상 수용 사이의 이중적 구조를 반영한 것이다.

'부분적으로 인정한다'는 것은 전략적 유연성과 기술적 명료성 사이에 긴장을 유발한다. AI 기반 위협 분석 시스템은 기술적 명료성을 전제로 작동한다. 이러한 전제 하의 부분인정은 협상 여지를 확보하고 비핵화 유도에 유리한 조건 설정이 가능하며 억지력 확보 측면에서 현실적 접근을 가능케 한다. AI의 정밀성과 범주화 요구는 부분인정이라는 중간 지대를 불안정한 상태로 만든다. 특히 딥러닝 기반의 상황 인식 체계는 예외적 상황을 처리하기 어려워하며, 오히려 모호성을 위협으로 간주할 수 있다. 이에 따라 인간의 정치적 판단 개입이 필수적이 된다. 일본 방위성이 세운 'AI 활용 기본 방침'에는 "AI가 하는 일은 인간 판단의 지원이다. 인간 관여를 확보할 필요가 있다"고 명기(뉴시스, 2024.7.4.)되어 있으며, 루센코의 조사 결과에서도 국가안보전략 차원에서는 인간이 주도권을 가지고 AI는 인간의 판단을 돕는 보조적 역할이 더 선호되는 것으로 나타났다(김양규, 2024).[3] 즉, 부분인정은 기술과 정치 사이의 조율이 핵심이다.

AI 시대에 '인정'은 단순한 수사나 선언이 아니라, 데이터 기반 질서 속에 북한을 공식적으로 편입하는 행위로 전환된다. 이로 인해 단기적 정보정합성은 확보되지만 장기적 규범 질서 유지에는 반작용이 발생할 수 있다. 따라서 '전면인정'은 마지막 카드로 간주되며, 매우 높은 전략적 비용이 수반된다는 점에서 실현 가능성은 낮지만 논리적·전략적으로 검토되어야 할 선택지가 된다.

---

3 다만 개별 전장에서는, 전술 차원의 문제는 AI에게 판단을 맡겨 자율무기체계를 활용함으로써 효율성을 증대하는 방식을 선호하는 것으로 조사되었다.

5. 그럼에도 불구하고

AI 기반 경보 체계는 위협을 과도하게 해석하거나 오류 데이터를 기반으로 자동화된 군사적 대응을 유발할 수 있다. 북한과 관련해서 단일 위성 이미지나 인터넷에서 열람한 데이터를 잘못 해석할 경우, 자동화된 선제 대응 시나리오가 작동할 수 있다. 이는 전략적 불안정성의 새로운 양상으로 해석될 수 있다. AI는 전략적 현실을 구성하는 도구이지만 그 자체가 판단의 주체가 될 수는 없다. 북한 핵국가 인정 문제는 결국 정치적 선택이며, 기술적 데이터와 분석이 판단의 전제가 되더라도 최종 결정은 인간의 전략적 해석에 달려 있다. 전략은 정치의 산물이지 알고리즘의 결과가 아니다. 정보 판단에서 인간의 개입은 단순한 보완이 아닌, AI 인식체계가 구축하는 전략 질서에 대한 민주적 통제의 핵심이다. 이와 같은 맥락에서 AI 시대의 핵국가 인정 문제는 기술적 사실의 집합이 아니라 그 사실을 어떤 주체가 어떤 방식으로 해석하느냐에 따라 달라지는 정치적 구성물이다.

인공지능은 판단의 효율성과 정확성을 높일 수 있지만 전략적 안정성과 억지의 체계는 여전히 인간의 인식과 정치적 선택에 기초해야 한다. 특히 북한과 같이 모호성과 전략적 불확실성을 핵심 수단으로 삼는 행위자에 대해서는 AI 기반 정보 판단의 기계적 자동화보다 인간 중심의 전략적 사고가 더 필요한 시점이다. 따라서 우리는 '인정'이라는 행위를 단순한 수사적 선택이 아니라, AI 시대의 지정학적 구도를 구성하는 전략적 선언으로 새롭게 사유해야 할 것이다.

참고문헌

1. 국문

"日, 자위대 지휘통제에 AI 활용…'인간 관여' 필요성도 명기." 『뉴시스』. 2024.7.3. https://www.newsis.com/view/NISX20240703_0002796451

"한·미 군사연습 UFS 19일부터···군 차원의 핵 대응 연습은 안 해." 『경향신문』. 2024.8.12. https://www.khan.co.kr/article/202408121409001

2. 영문

U.S. Department of Defense. "Data, Analytics, and Artificial Intelligence Adoption Strategy: Accelerating Decision Advantage." 2023.11.2. https://media.defense.gov/2023/Nov/02/2003333300/-1/-1/1/DOD_DATA_ANALYTICS_AI_ADOPTION_STRATEGY.PDF. (검색일: 2025.6.20.)

"S Korea must respond to N Korea's hypersonic threat," 『Asia Times』, 2025.1.16. https://asiatimes.com/2025/01/s-korea-must-respond-to-n-koreas-hypersonic-threat/

AI 기술의 사실상 핵보유국 지위에의 영향

조민지 (통일부)

1. 서론

2025년 1월, 도널드 트럼프 미국 대통령의 취임과 더불어 한반도에는 뜨거운 논쟁에 불이 붙었다. 바로, 트럼프가 취임과 동시에 북한을 'nuclear power'로 지칭함에 따라, 미국이 북한을 핵보유국으로 인정하는 것인지 여부가 연일 언론에 대서특필 되곤 했다. 트럼프 뿐 아니라 미국 주요 외교 안보 라인의 인사들이 '사실상 핵보유국', 'nuclear power' 등의 표현을 사용하면서 미국의 대북인식과 대북정책의 변화 가능성에 대해 많은 추측이 제기되었다. 최근 AI 기술이 비약적 발전을 이룬 상황에서, 북한을 핵국가로 인정한다는 것은 어떤 변화된 의미를 지니는지 살펴볼 필요가 있다.

2. 핵보유국의 분류 및 인정 문제

현재 NPT 체제 하에서, 전 세계의 핵보유국은 다음과 같은 세 부류로 구분된다. 첫째, NPT 조약 하의 핵무기 보유국(NWS: Nuclear Weapon States)으로, 1967년 이전 핵실험을 마친 P5, 즉 미국, 러시아(소련), 영국, 프랑스, 중국이다. 둘째, NPT 조약 밖의 핵무기 보유국(DNWS: de-facto Nuclear Weapon States)으로, 불법적 핵개발을 통해 핵무기를 획득하였으나, 사후적으로 인정받은 인도, 파키스탄, 이스라엘이다. 이들 국가는 초기 핵무기 개발로 인한 경제적 및 외교적 제재를 받았으나, 이후 국제사회에서의 전략적 필요성 등에 의해 사후적으로 핵무기 보유를 용인받게 된 국가들이다. 마지막으로, NPT 상으로도, 사후적으로도 핵무기 보유를 인정받지 못했으나, 사실상 핵능력을 가지고 있는 것으로 평가되는 북한이 있다.[1]

북한의 경우, 김정은 시대에 들어서 지속적인 핵기술 고도화 정책을 통한 2017년 핵무력 완성 선포, 2022년 핵무력법 제정, 핵무력지휘통제체제 확립 등 일관되게 '사실상

1 Claire Mills, "Overview: Where are all the world's nuclear weapons?" House of Commons Library 『Research Briefing』, No. 9092 (2022.7.), pp. 1-5.

핵보유국'의 지위로 인정받는 경로를 추구하고 있는 것으로 보인다. Rohan Mishira는 인도와 파키스탄의 핵보유국 지위 획득과정을 토대로 국제사회에서 '사실상 핵보유국'으로 인정받기 위한 '4단계의 검증 모형'을 제시한 바 있다.[2]

우선, 핵무기 개발을 위한 일정한 기술적 요건을 충족해야 한다. 다음으로 '핵 생존성'의 현실성을 증명할 수 있어야 한다. 이는 적의 핵 공격을 흡수하고 반격을 가할 수 있는 '생존 가능한 핵 2격 능력(second strike)'을 의미하며, 핵무기에 대한 효과적인 통제력을 가지고 있어야 한다. 세 번째, '사실상 핵보유국'을 노리는 핵무장 국가는 핵무기 확보에 수반되는 불가피한 국제사회의 비난과 각종 경제적, 정치적 제재를 견딜 수 있는 내구성을 가져야 한다. 마지막으로, 국제사회, 특히 영향력 있는 P5로부터 점진적인 '외교적 인정과 관여'를 확보해야 한다.

이러한 모델에 따르면, 2025년 현재 북한은 정도의 차이는 있겠지만 핵실험 성공 및 핵탄두 공개를 통해 첫 번째 기술적 요건은 충족한 것으로 보인다. 또한, 2017년 이후 유엔 안보리 대북제재 및 각종 독자제재를 견뎌내며 제재 내구성 또한 확보한 것으로 보인다. 다만, 현재까지 2격 능

2 Rohan Mishira, "Toward A Nuclear Recognition Threshold," *Columbia Law Review*, Vol. 120, No. 4 (2020), p. 1069.

력에 대한 증명을 하지 못했고, P5 중 러시아 외에는 외교적 인정과 관여를 확보하지도 못했다. 따라서, 향후 북한의 과제는 '사실상 핵보유국'을 위한 2번째 요건과 4번째 요건을 충족하는 것으로 보이는데, 그렇다면 AI 시대의 도래라는 시대적 변화가 북한을 핵보유국으로 인정하는 데 어떤 영향을 미치는지 살펴볼 필요가 있다.

3. AI 시대와 북한의 '사실상 핵보유국' 인정 문턱

AI 기술의 비약적 발전으로, 정보 처리의 주체가 인간에서 알고리즘과 인공지능(AI)으로 전환되고 있다. AI 기술의 발전은 Mishira의 '4단계의 검증 모형' 중 두 번째 단계인 2격 능력에 대한 문턱을 다소 낮출 수 있을 것으로 전망된다. AI 기술의 패권을 어느 국가가 가지느냐에 따라 정반대의 해석이 가능할 수 있겠지만, 가상화폐 탈취에 있어서의 북한 해커 집단의 실력과, 우크라이나 전장에서 체득한 드론 기술 등을 토대로 현재 현대전에 대한 준비에 매진하고 있는 점으로 볼 때, 북한이 첨단 기술을 탈취할 수 없다고 단정할 수 없다. 군사 기술적으로 북한이 ICBM 실전배치, 핵잠수함 등 유효한 2격 능력을 미달성하더라도, AI에 대한 통제력으로 만회가 가능한 여지가 있다.

또한, 같은 맥락에서 세 번째 단계의 '내구성'과 관련해서도 AI 기술에 의한 충분한 격차가 벌어지기 전까지, 가상화폐 탈취를 통해 전통적 제재의 그물망을 회피하는 북한의 전략이 유효하다고 볼 수 있다. 마지막으로 네 번째 외교적 관여 역시 AI 시대에는 그 중요성이 떨어질 수 있다는 점에서, 새로운 시대적 변화는 기존의 북한의 핵 보유국 지위 인정의 문턱을 다소 낮출 가능성이 있다.

또한, AI의 발달은 핵에 대한 김정은의 1인 통제권을 약화시킬 수 있다. 실체가 불분명한 핵무력 지휘통제 체제에서 사실상 김정은의 독단적 결정이 핵무기 사용에 대한 의사결정을 구성하는데, AI의 발달로 인해 김정은의 1인 지휘체계가 인공지능에 의한 중립적 영향을 받을 수 있다. 가령, AI의 정보 기반 분석이나, 통계적 판단이 보충될 경우, 무모하고 독단적인 판단을 내릴 수도 있는 지도자의 결단을 완화할 가능성이 존재한다고 해석할 수 있다.

4. 결론
: 전략적 가치의 변화 가능성

다만, 흥미로운 점은, 북한이 핵보유국으로 인정받는 것의 전략적 가치가 AI 시대의 도래에 따라 변화할 수 있다는 점이다. 국제사회에서 사실상의 핵보유국으로 인정받는 것이 주는 이점은, 군사적 억지력 확보, 국제정치에서 의 영향력 증가, 전략적 자율성 강화, 대외 협상력 제고, 국내정치적 내부 결속력 강화 등이 있다.

그러나, 인공지능이 고도로 발달함에 따라, 자체적 정보처리능력과 판단력을 보유한 고도의 인공지능을 장착한 드론, 정보위성, 미사일방어체제 등이 등장하게 되면, 핵보유 자체보다 더 높은 전략적 가치를 차지할 수 있다. AI는 정보적 차원의 비대칭 전략무기로서 활용될 수 있으며, 높은 AI 기술력을 가진 국가가 전략무기를 보유한 것과 같은 성격의 영향력을 가질 수 있다. 최근 러시아-우크라이나 전쟁에서 드론을 활용한 전자전, 정보전의 중요성은 현대전의 양상을 완전히 바꾸어 버렸다고 볼 수 있다. 즉, AI시대에는 핵무기의 전략적 가치가 특히 억지력 측면에서 크게 약화될 수 있다는 점을 간과해서는 안 된다.

결론적으로, AI의 발달은 북한이 '사실상의 핵보유국'의 지위를 획득하기 위한 문턱을 낮춰주는 역할을 하여, 국제사회에서 북한의 핵보유 인정의 가능성을 높여주지만, 그렇다 하더라도, AI 시대에서는 핵 자체가 가지는 전략적 가치가 상당히 낮아질 수 있을 것이다.

헤겔의 인정 개념과 북한의 인정 투쟁

홍진석 (통일부)

1. 김정은 정권이 걸어온 인정투쟁의 경로

1) 핵무기 개발 성공 : 자기의식의 고양, 인정투쟁으로 나아간 김정은 정권

헤겔의 '주인과 노예의 변증법' 관점으로 보면 북한에 있어 핵개발 성공은 주인에 대한 공포 속에서 노동을 통해 이룩한 도야(교양, bildung)이자 자기의식을 고양시키는 빛나는 성취였다. 핵무기는 단순한 무기체계를 넘어 북한 체제의 자기의식의 자유가 외화(外化), 물화(物化)된 것이었다.

자기의식의 고양은 이에 상응하는 타자 및 세계의 인정을 욕구한다. 김정은 정권은 2017년 11월 '국가핵무력 완성'을 선언하고 '우리국가제일주의'를 내세우며 인정 욕구를 발현했다. 이어 2018년 북미대화를 통해 인정투쟁에 나섰다.

그러나 헤겔의 '주인과 노예의 변증법'이 암시하는 바와 같이, 현실에서 노예의 인정 욕구는 좀처럼 실현되지 않는다. 주인이 자신의 정체성을 바탕으로 만들어낸 세계의 문화, 인륜, 보편적 법칙 속에서 노예의 정체성과 인정 욕구는 더더욱 수용되기 어렵다. 이에 인정투쟁의 과정은 '상호인정' 보다는 폭력과 타자를 배제하는 '생사를 건 투쟁' 양상이 된다. 북미 또한 2018년 대화에서 양측이 큰 이견을 보였고 결국 이 협상은 2019년 2월 '하노이 노딜'로 좌초된다.

2) 하노이 노딜 : 인정투쟁의 좌절, 자기 내부로 복귀해 자신만의 자유를 향유

북한의 오랜 속성은 수령의 무오류성에 기초한 자기합리화다. 하노이 노딜 뒤 북한은 스스로를 '자유롭다'고 인식하며 위안을 얻었다. 하지만 실제 펼쳐진 현실은 제재와 고립, 기존 질서와 세계로부터의 소외였다.

북한의 자기합리화는 헤겔의 '스토아주의와 불행한 의식'으로 해석할 수 있다. 주인과 세계가 자기의식을 인정해주지 않는 상황에서, 노예의 자기의식은 자신 내부로 돌아와 스스로의 자유를 향유하고자 한다. 하노이 노딜 뒤 김정은 정권이 대안적 정책으로 제시한 '자력갱생' 노선은 북한의 좌절과 내부로의 복귀를 보여준다. 2020년 발생한 코

로나 팬데믹은 세계를 떠나 자기의식 안으로 도망쳤던 북한의 자력갱생 노선의 명분과 이익을 더욱 강화시켰다.

그러나 이러한 현실 도피는 영원할 수 없다. 한번 발생한 인정 욕구는 충족될 때까지 끊임없이 자신을 분열시키고 소외시키기 때문이다. 타인의 인정이 결여된 자유는 완전한 안정상태에 이르지 못한다.

마찬가지로 핵개발을 계기로 스스로를 중국·러시아와 어깨를 나란히 하고 미 제국주의에 대항하는 '전략국가'라고 자칭할 만큼 고양된 북한의 자기의식은, 제재와 고립이라는 모순적 현실 앞에서 균열과 부정을 경험하게 된다. 자기의식은 자력갱생과 같은 자기 내부로의 도피 상태에는 정주할 수 없다.

3) 북러 밀착 : 인정을 욕구하지만 불안정한 두 의식(북러)의 결여된 인정

하노이 노딜의 좌절을 뒤로하고 북한은 인정을 쟁취하기 위해 다시 한번 자기의식의 운동을 외부로 전개시킨다. 미국의 적대와 부정을 충분히 경험한 바 있는 북한의 다음 행선지는 자신과 마찬가지로 국제사회에 대항해 새로운 인정투쟁을 벌이고 있던 러시아였다.

북한과 러시아 모두는 자신들의 인정욕구를 국제사회로부터 존중받지 못하고 있다는 상호 공감대를 가지고 있다.

다만, 북러 양자관계는 불안정하나마 서로가 서로를 인정해 주는 관계가 될 수 있기는 하지만, 이러한 상호 인정은 불안정한 것이기 때문에 그들이 애초에 추구해 온 세계로부터의 완전한 인정에는 미치지 못한다.

이러한 점에서 북러 밀착은 헤겔이 정신현상학의 '쾌락과 필연성'의 장에서 이야기하는 철없는 연인들의 '사랑의 도피'와도 유사하다. 헤겔의 관점에서 보면, 북러 밀착은 일면 '인정'으로 보이나 실상은 일시적 '쾌락'에 불과하다. 예속된 노예가 주인에게 주는 인정이 주인의 인정욕구를 충족시키기에는 부족한 것과 마찬가지이다. 북러 밀착은 북한에게 인정욕구의 충족을 통해 자기의식을 안정화시키기보다는 불안정한 인정으로 인해 다시 한번 분열과 자기소외를 안겨줄 뿐이다.

4) 북한은 고양된 자기의식을 바탕으로, 진정한 인정을 받기 위해 다시 한번 '세계'로 나올 것이다

북러 밀착은 표면적으로 북한의 정세 인식의 근본적 변화를 보여주는 것처럼 여겨진다. 북한은 '비핵화 없는 북미관계'를 원하고, '중국 없는 진영외교'를 위해 러시아를 활용하고 있고, '적대적 두 국가' 선언을 통해 '민족, 통일 없는 남북관계'를 원하고 있다.

그러나, 인정투쟁의 관점에서 보면 북한의 행보는 다른

해석의 가능성을 내포하고 있다. 북한은 국제사회 차원에서 여전히 미국으로부터의 인정을 욕구한다. 동북아와 사회주의 친선국가 차원에서 중국에 종속된 나라가 아닌 동등한 파트너로서의 인정을 욕구한다. 한반도 차원에서는 여전히 남한을 향해 북한의 사상, 제도, 문화에 대한 존중과 보장, 즉 '두 국가'로서의 인정을 원한다. 이러한 인정은, 어떤 물질적 이익, 안보적 보장 못지 않게, 북한의 현 체제의 정당성, 안정성, 그리고 장래성을 보장해 나가는데 있어 매우 중요하다.

2018년 북한은 핵무력 완성 선언으로 고양된 자기의식을 생생하게 느끼면서 남북·북미 협상으로 나왔다. 2023년 북한은 러시아에 밀착함으로써 인정욕구를 일부나마 충족시켰으나 이것은 불안정하며 지속가능하지 않다. 때문에, 북한은 다시 한번 인정투쟁을 향해 세계로 나올 수밖에 없다.

2. 우리는 북한을 인정해야 하는가, 인정할 수 있는가

1) 헤겔이 그리는 인정의 경로 : 북한은 역사 속에서 스스로 변화해 나아갈 것이다.

헤겔의 인정 경로는 '인정투쟁'이라는 표현이 담고 있는 통상적인 이해와는 사뭇 다르다. 주인과 노예가 상호 인정을 주고받으며 인정투쟁이 해결되는 그림이 아니다. 헤겔이 그리는 주인은 노동을 하지 않고 노예로부터 불안정한 인정을 받으며 역사발전의 주체의 지위를 노예에 이미 빼앗겼다. 이러한 불안정한 주인의 인정은, 역사발전의 험로에 주역으로 등장하고 있는 노예에게 진정한 인정으로 인식될 수 없다.

노예가 인정으로 나아가는 길은 주인의 인정보다는 자기의식 스스로의 변증법적 운동에 의한다. 자기의식의 개별성 및 특수성이 이성과 정신의 총체성 및 보편성과 화해와 종합을 이룰 때 자기의식은 진정한 인정을 향유하게 된다. 즉 개인은 또다른 개인을 만나 서로 인정을 주고받기보다는 사회로 나아가면서 스스로 인정을 획득한다는 것이다. 북한이 미국으로부터 인정을 얻어내기보다는 북한 스스로 자기의식의 분열과 인정투쟁의 좌절 속에 교양과 도야의 과정을 거치면서 보편적 세계의 인륜, 문화, 제도로 향해 나아가고 이 과정에서 변화하고 생성하면서, 진정한 인정을 충족시켜 나간다는 것이다.

이러한 관점에서 보면, 1980년대 소련의 변화는 미국의 냉전 전략의 승리가 아니다. 세계의 보편적 가치와 제도로부터 괴리되어 있던 소련이 느꼈던 불안정성과 자기균열, 그리고 소외가 가져온 소련의 자기 변화의 결과였다고 할 수 있다.

2) 몰트만의 화해(인정)의 경로 : 우리가 변화해야 북한과의 화해와 인정이 가능하다.

몰트만은 자신의 자서전에서, 화해는 내가 타자성을 죽여서 동일성의 왕국을 세우는 것이 아니라, 오히려 나의 것을 타자에게 내어주고 투쟁하면서 상처받은 자로써 나 자신을 변형시켜 나가면서 타자와 공존하는 것이라고 설명한다. 헤겔 또한 그의 정신현상학 서문에서 진정한 화해는 '진지함'과 '고통'과 '인내'와 '부정의 작업'이 수반되어야만 한다는 점을 강조한다.

북한이 인정을 욕구하며 외부로 나올 때마다, 우리는 북한이라는 타자성을 제거하여 우리의 동일성의 왕국을 세우려고 했다. 우리에게는 북한의 올바른 변화라는 이름으로, 북한은 이를 '흡수통일' 시도라고 비판했다. 때문에 남북관계의 역사에는 헤겔의 인정 개념을 관통하는 '부정의 작업', 즉 역사의 동력으로서의 '부정성'이 크게 작동하지 못했다. '고통'과 '인내'도 없었다.

한반도 핵전쟁의 위기, 동북아 분쟁에의 연루 위협, 그리고 영구분단 가능성의 가시화 등 전례 없는 위기의 시대로 향하는 시점에서 우리는 북한에 대한 인정의 문제를 지금까지와는 다른 관점에서 새롭게 조망해 볼 필요가 있다.

AI 시대의 북핵문제 다시보기

황순식 (전국시국회의)

새로운 기술과 무기는 전쟁의 양상뿐만 아니라 문명과 국가 간의 관계를 바꾸는 핵심이다. 돌도끼를 들고 사냥을 다니던 인간이 국가를 건설하게 된 것은 청동이라는 금속 무기를 들면서부터였다. 최초로 중동을 통일한 앗시리아 제국과 중국을 통일한 한나라는 철기를 바탕으로 하였다. 대포는 동로마제국을 멸망시켰고, 중세의 전쟁양식을 바꾸며 르네상스로 가는 변화를 낳았으며, 범선과 결합하여 유럽이 바다를 제패할 수 있도록 만들었다. 그러나 유럽이 대륙 깊숙이 지배력을 뻗칠 수 있게 된 것은 증기기관 덕분이었다.[1] 기관총은 러일전쟁과 1차 세계대전에서 대량 살상 능력을 보여주었고, 2차 대전은 항공모함과 전차의 싸움이었다. 핵무기는 2차 대전 후 상호확증파괴(MAD: Mutual Assured Destrudtion) 상태를 만들어 강대국 간 냉전의 양상을

1 카를로 치폴라, 최파일 역, 『대포, 범선, 제국』 (서울: 미지북스, 2010).

만들어 내었다. 그리고 미국이 냉전의 승리자가 된 것은 반도체와 미사일, 전자기술 경쟁에서 승리한 덕분이었다. 이제 AI와 드론이 전쟁의 양상을 바꾸고 있으며, 보이지 않는 사이버전쟁이 진행되고 있다. 전문가들의 지적대로 초지능 AI는 원자폭탄 수준의 지정학적 불안정을 야기하는 기술이다.[2]

현재 미국과 중국의 패권경쟁은 기술전쟁의 양상을 보이고 있다. 더 많은 반도체와 데이터를 확보하고, 더 뛰어난 AI를 만들어 내며, 더 넓은 지역-인구-나라에 자기편의 하드웨어와 소프트웨어를 심는 쪽이 승리할 것이다. 양측의 실리콘 장벽과 데이터 장벽은 갈수록 높아지고 있다. 이 경쟁에는 다른 나라들도 부분적·전체적으로 뛰어들고 있다. 2020년 인도는 중국의 SNS를 금지하였고, 러시아는 서구와 중국의 앱을 모두 금지하였으며, 이란과 에티오피아는 미국의 SNS를 금지하였다. 한국과 일본은 라인의 통제권을 가지고 한바탕 했으며, 한국의 새 정부는 소버린AI 개발을 국가핵심과제로 채택하였다. 뿐만 아니라 이스라

2 Dan Hendrycks and Eric Schmidt, "The Nuclear-Level Risk of Superintelligent AI," 『TIME』, 2025.3.6. https://time.com/7265056/nuclear-level-risk-of-superintelligent-ai/?utm_source=chatgpt.com (검색일: 2025.6.24.)

엘과 이란, 미국과 러시아는 이미 사이버 전쟁을 벌이고 있다.[3] 국가 간의 정보전은 국가의 탄생부터 중단된 적이 없었으며 사이버 해킹을 통한 정보전은 날이 갈수록 진화하고 있다.

북한은 오래 전부터 핵·미사일뿐만 아니라 사이버전 역량을 국가의 핵심 비대칭 전력으로 키워 왔다. 1990년대부터 AI와 머신러닝 기술을 개발하기 시작했으며, AI 바둑대회에서 여러 차례 우승하기도 하였다. 국가정보원은 2024년 현재 북한의 해킹 조직원 수를 8400명으로 추산하고 있다. 이들은 최상위 엘리트 계급으로 소학교 때부터 선발되어 영재교육을 통해 키워져 왔다. 2023년 김정은은 사이버전 인력 확대를 위해 출신성분 제한을 없애라고 직접 지시하였으며, 교육체계도 기존의 2단계에서 3단계로 보완하여 국가 사이버역량 강화에 박차를 가하고 있다. 이들은 현재도 한국뿐만 아니라 세계의 방산업체, 금융기관, 정부기관들을 다방면으로 해킹하여 정보와 기술자료를 절취하고 있다. 북한의 사이버공격 능력은 미국의 적대국 중 러시아에 이어 2위로, 중국보다 뛰어난 것으로 평가되고 있다. 더욱이 이 두 국가는 2024년 북·러 조약으로 사이버

3 유발 하라리, 김명주 역, "11. 실리콘 장막: 세계 제국인가, 세계 분열인가?" 『넥서스』(파주: 김영사, 2024), pp. 505-548.

안보 분야 협력의 토대를 닦았다.[4]

이병철(2024)은 북한의 핵무기·미사일과 AI·드론을 포함한 근미래무기에 대한 종합적 검토를 통해 핵무기를 계속 개발하기보다 근미래무기 개발로 선회할 것이라고 예상하였다. 핵무기 개발에는 대량살상이라는 윤리적 문제로 심리적 억제효과가 작동하는 반면 근미래무기는 상대적으로 심리적 저항감이 적으며 높은 가성비와 다양한 활용성을 가지고 있기 때문이다.[5] 한국의 사이버 전략도 미국, 나토 등과의 사이버안보 협력을 강화하며 방어 중심에서 공세적·선제적 대응, 공격적 억지전략으로 변화하고 있다.[6] 2023년 7월 나토의 사이버안보협력 방위센터(CCDCOE: NATO Cooperative Cyber Defence Centre of Excellence)에 가입하였

4 홍준기·박상중, "북한의 사이버전 역량변화와 위협 전망: 군사적 관점을 중심으로," 『사회융합연구』, 제8권 제6호(2024), pp. 93-106.

5 이병철, "'근미래무기'와 김정은 정권의 북한 핵무기 고도화 간 동학(動學)에 관한 연구," 『한국과 국제정치』, 제40권 제4호(2024년 겨울), pp. 67-93. 이병철은 '근미래무기'를 드론(drone), 자율무인체(unmanned vehicles), 군사용 로봇, 레이저, 사물인터넷(IoT)에다 양자컴퓨터, 사이버, 3D, 극초음속 미사일과 비행체까지 넓은 범위로 정의하고 있다.

6 Natasha Wood, "South Korea's 2024 Cyber Strategy: A Primer," 『CSIS』, 2024.8.2. https://www.csis.org/blogs/strategic-technologies-blog/south-koreas-2024-cyber-strategy-primer?utm_source=chatgpt.com (검색일: 2025.6.25)

으며,[7] 11월에는 NATO의 사이버훈련에 참여하였다.[8] 윤석열 정부 당시의 변화였지만, 정권 교체 이후에도 그 흐름을 바꾸기는 쉽지 않아 보인다.

"AI 시대의 북핵 인정과 AI가 없던 시기의 북핵 인정은 어떻게 다른가?" 라는 질문에 대해 ChatGPT는 다섯 가지 답변을 제시하였다. 첫째, 핵 위협이 물리적 대량파괴에서 자율·정밀·사이버 복합 위협으로 바뀌었다. 둘째, 억지 방식이 상호확증파괴에서 지능형 억지와 AI 전장으로 바뀌었다. 셋째, 통제 가능성이 제한적 통제 가능에서 국경 없는 확장과 제제 무력화로 바뀌었다. 넷째, 오판의 가능성이 인간에서 AI 오류와 사이버 조작 위험으로 바뀌었다. 다섯째, 국제적 파장이 지역적 안정 위협에서 핵과 AI 확산의 세계적 정당화로 바뀌었다. DeepSeek도 주요 차이점을 정보분석, 대응전략, 국제적 협력, 심리전·선전 효과로 답하였다. 생성형 AI의 답변은 계속 변하기에 근거로 사용하기

---

7 Ramón Pacheco Pardo, "South Korea-NATO cybersecurity cooperation: learning to work together in the face of common threats," 『elcano』, 2023.8.4. https://www.realinstitutoelcano.org/en/analyses/south-korea-nato-cybersecurity-cooperation-learning-to-work-together-in-the-face-of-common-threats/?utm_source=chatgpt.com (검색일: 2025.6.25)

8 "역대 최대 나토 사이버훈련에 한국 첫참여…"내년에도 기대"," 『연합뉴스』, 2023.12.3. https://www.yna.co.kr/view/AKR20231201003500098 (검색일: 2025.6.25.)

어렵겠지만, 핵과 AI의 결합이 오판 가능성과 심리전·선전 효과, 확산효과 등으로 위험을 더 키우고 있는 것은 분명해 보인다.[9] AI의 분석력과 예측력은 상대의 거짓정보·딥페이크 기술로 방어될 수 있다. 국가 간 정보 장벽이 생기는 동시에 가짜정보가 넘쳐나며 국제사회의 신뢰도도 떨어지고 있다. 민주진영 선진국들은 인프라와 기술면에서 아직 우위를 가지고 있지만, 권위주의 국가들은 데이터의 수집과 활용에 있어 유리하며 빠르게 추격해 오고 있다. 양극, 아니 다극의 AI 전쟁이 가속화되며 국제적 불안정성이 높아지고 있다. 어느 한 편이 승리한다면 그것도 재앙이 될 수 있다. 전방위적 감시와 조작이 가능한 AI 시대에 집중된 권력의 힘은 이전 시대와 차원을 달리하기 때문이다. 위험한 균형이라도 AI 시대에 MAD와 같은 균형을 만드는 것이 가능할까?

이에 대해 상호확증 AI 오작동(MAIM: Mutual Assured AI Malfunction)이라는 개념도 등장했다. 이는 양측이 모두 상대의 AI 기반 무기·정보 시스템을 확실하게 오작동시킬 수 있기에 서로의 공격과 공격적 개발을 자제하는 균형이다. AI 무기와 시스템의 충돌은 누구도 통제 불가능한 상황을

9 질문과 답변은 2025년 6월 23일에 이루어졌으며, ChatGPT 버전은 3.5.

만들 수 있다. 통제력 상실의 위험을 감수하면서 AI 독점을 추구하는 국가들은 프로젝트가 완성되기 전에 경쟁국들이 프로젝트를 파괴할 것이라고 가정해야 한다. 따라서 각국은 상호 억제와 자제, 핵 비확산과 같은 고성능 AI칩의 통제와 비확산, 국내 칩 제조를 통해 안보를 추구해야 한다는 것이다.[10]

AI 무기체제로 인한 종말이 아니라도 인류의 삶, 특히 발전국가 도시의 삶은 이제 전산 시스템 없이 살아갈 수 없는 지경에 이르렀다. 시스템이 마비되면 그 즉시 원시시대로 돌아갈 수 있다. 전력망이 마비되면 불도 켜지지 않을 것이고, 금융 시스템의 완전한 파괴는 모두의 잔고를 0으로 만들 것이다. 결과는 모두 알고 있다. 그러나 자제할 수 있을 것인가? 직접 생명을 살상하는 핵무기 사용에 비해 AI 사이버전 수행은 도덕적 저항감이 덜하며, 자신의 행위를 숨기거나 부인하기도 쉽다.

하라리(2024)는 민주주의에 대한 AI의 위협으로 첫째, 전면적 감시-데이터 수집에 따른 디지털 독재의 등장. 둘째, 경제변화 속도에 따른 고실업-사회불안정 확대. 셋째,

---

10 Dan Hendrycks, Eric Schmidt and Alexandr Wang, "Superintell igence Strategy: Expert Version," arXiv [cs.CY], 2025.3.7. https://arxiv.org/abs/2503.05628

불가해성에 따른 불만 축적과 제도·절차에 대한 합의·수정의 어려움. 넷째, 공론장의 확장과 봇에 의한 무정부상태 조장을 제기한다. 이러한 사회적 불안은 전체주의로 가는 지름길이 될 수 있다. 또한 전체주의에 대한 위협으로 AI가 독재자의 완전한 신뢰를 통해 시스템 전체를 장악할 가능성을 제기한다.[11] 게다가 AI 경쟁은 국가 이전에 민간기업에서 시작하였다. 구글 창업자인 래리 페이지는 2000년 인터뷰에서 구글의 목적이 궁극적 검색엔진, 무엇이든 답변할 수 있는 AI를 만드는 것이라고 하였다.[12] 국가에 대한 신뢰가 매우 낮아졌다고는 하지만, 수익을 목적으로 하는 기업의 공익에 대한 감각은 국가에 비해 떨어질 수밖에 없다. 이러한 국가와 세계체제-시스템의 불안정성·불확실성 증대는 전쟁과 충돌 가능성을 높이고 있다. AI 자체가 전쟁의 위험을 높일 수도 있다. 최근의 연구는 외교정책 결정과정에 LLMs를 투입하여 시뮬레이션 한 결과 충돌 위험이 고조되었다는 실험결과를 보여주었다.[13]

---

11 유발 하라리, 김명주 역, "9. 민주주의: 우리는 계속 대화할 수 있을까?", "10. 전체주의: 모든 권력을 알고리즘에게로?" 『넥서스』(파주: 김영사, 2024), pp. 432-504.

12 Manufacturing Intellect, "Larry Page and Sergey Brin interview on Starting Google (2000)," https://www.youtube.com/watch?v=tldZ3lhsXEE (검색일: 2025.6.24.)

13 Juan-Pablo Rivera et al, "Escalation Risks from Language Models in

AI 시대는 데이터의 집중-AI 패권을 통한 디지털 제국주의의 길을 갈 수도 있고, 별개의 네트워크 공간으로 나눠져 분열될 수도 있다. 사실 이 둘은 하나이다. 현재는 디지털 제국을 추구하는 여러 정부와 기업이 경쟁하는 체제이다. 나눠진 진영은 물질적·정신적으로 분화될 가능성이 높고 이 경우 협력이 어려워질 수도 있다. 각 진영 내에도 부족화에 따른 정치적 극단화가 진행되고 있다. 세대와 성 정체성으로, 계급과 계층, 취향과 취미로 나누어지며 상호 소통이 어려워지고 있다. 각종 커뮤니티와 페이스북은 친구 만드는 앱으로 시작하였다. 애초에 부족화가 목표였다. 동류들끼리 모이면 확증편향성이 높아진다. 이는 차별과 혐오를 조장하며 직접적인 폭력사태까지 일으키고 있다.

이렇게 세계가 분열되고 다극화되며 경쟁하고 충돌하는 최전선에 남과 북이 있다. 북한은 미국 유일패권체제 해체의 혜택을 보며 중국과 러시아를 통해 경제성장률을 회복하고 있다. 자체 핵우산을 확보하였고, 미국과의 관계개선이 생존과 경제 성장을 위한 절대적 필요조건이 아니게 되었다. 또한 압도적 경제 격차에 따른 흡수통일 가능성이 제거되었다고 생각할 때까지 남한과 거리를 둘 것이다. 압도

Military and Diplomatic Decision-Making," arXiv [cs.AI], 2024.1.7. https://doi.org/10.48550/arXiv.2401.03408

적 재래식 전력 격차를 극복하기 위해 핵과 전략무기 강화를 중단하지는 않겠지만, 전 세계적 추세에 따라 차세대 무기인 AI와 사이버 전력 강화에 더욱 힘을 쓸 것이다. 북한은 이 경쟁에서 후발주자의 이점을 많이 가지고 있다. 권위주의 저개발 국가로서 무엇이든 실험해 볼 수 있다. 도시 하나를 통째로 AI 시험장으로 만들어 보는 것도 얼마든지 가능하다. 소유권이 발달한 민주주의 선진국에서는 상상도 할 수 없는 일이다.

한국은 남북관계에 있어 핵무기 제거를 제1순위로 하는 기조를 바꾸어야 한다. 무력충돌 이전에 사이버 충돌이 이미 벌어지고 있는 상황에서, 관계개선을 통해 충돌을 줄이는 방법을 모색해야 한다. 모든 곳에서 문제는 대화 단절과 상호 불가해에 있으며, 해결책은 소통과 상호 이해에 있다. 남북대화가 시작되는 것만으로도 온-오프라인 충돌을 줄일 수 있다. 민족을 넘어 땅과 바다가 연결되어 있는 남과 북은 서로 관여하지 않고 따로 살 수 없다. 오히려 적극적으로 남북의 네트워크를 연결한다면 분열된 세계 시스템의 허브가 될 수 있다. 이를 위해서는 서로 존중하며 관계를 정상화시키고 그것을 제도화하는 것, 정상적인 국가관계 수립이 필요하다.

참고문헌

1. 국문

1) 단행본

유발 하라리, 김명주 역. 『넥서스』. 파주: 김영사, 2024.

카를로 치폴라, 최파일 역. 『대포, 범선, 제국』. 서울: 미지북스, 2010.

2) 논문

이병철. "'근미래무기'와 김정은 정권의 북한 핵무기 고도화 간 동학(動學)에 관한 연구." 『한국과 국제정치』. 제40권 제4호, 2024년 겨울, pp. 67-93.

홍준기·박상중. "북한의 사이버전 역량변화와 위협 전망: 군사적 관점을 중심으로." 『사회융합연구』. 제8권 제6호, 2024, pp. 93-106.

3) 기타 자료

"역대 최대 나토 사이버훈련에 한국 첫참여…"내년에도 기대." 『연합뉴스』. 2023.12.3. (검색일: 2025.6.25.) https://www.yna.co.kr/view/AKR20231201003500098

2. 영문

1) 논문

Hendrycks, Dan, Eric Schmidt and Alexandr Wang. "Superintelligence Strategy: Expert Version." arXiv [cs.CY], 2025.3.7. https://arxiv.org/abs/2503.05628

Rivera, Juan-Pablo, et al. "Escalation Risks from Language Models in Military and Diplomatic Decision-Making." arXiv [cs.AI], 2024.1.7. https://doi.org/10.48550/arXiv.2401.03408

2) 기타 자료

Hendrycks, Dan and Eric Schmidt. "The Nuclear-Level Risk of Superintelligent AI." 『TIME』. 2025.3.6. https://time.com/7265056/nuclear-level-risk-of-superintelligent-ai/?utm_source=chatgpt.com (검색일: 2025.6.24.)

Manufacturing Intellect. "Larry Page and Sergey Brin interview on Starting Google (2000)." https://www.youtube.com/watch?v=tldZ3lhsXEE (검색일: 2025.6.24.)

Pardo, Ramón Pacheco. "South Korea-NATO cybersecurity cooperation: learning to work together in the face of common threats." 『elcano』, 2023.8.4. https://www.realinstitutoelcano.org/en/analyses/south-korea-nato-cybersecurity-cooperation-learning-to-work-together-in-the-face-of-common-threats/?utm_source=chatgpt.com (검색일: 2025.6.25.)

Wood, Natasha. "South Korea's 2024 Cyber Strategy: A Primer." 『CSIS』, 2024.8.2. https://www.csis.org/blogs/strategic-technologies-blog/south-koreas-2024-cyber-strategy-primer?utm_source=chatgpt.com (검색일: 2025.6.25.)

AI 시대의 북핵 인정에 대한 전략적 고찰

AI 기술 확산과 핵질서의 미래를 중심으로

1. 서론
: 북핵 문제의 새로운 조건

북한의 핵무기 개발은 이미 현실적 위협이 된 지 오래이며, 국제사회는 이를 둘러싸고 오랫동안 **비핵화-제재-협상**의 사이클을 반복해왔다. 하지만 **AI 기술의 급속한 발전**은 기존 핵위협의 성격을 근본적으로 바꾸고 있으며, **북한을 핵국가로 '사실상 인정'할 것인지에 대한 국제사회의 고민**도 전혀 다른 차원으로 이행하고 있다.

이 리포트는 **AI 이전과 AI 시대의 북핵 인정이 갖는 차이점**, 그리고 **중국의 북핵에 대한 전략적 입장**, 더 나아가 **북핵을 인정하지 않는 선택이 가지는 의미**를 종합하여 분석한다.

2. AI 이전 시대와 AI 시대의 북핵 인정 : 무엇이 달라졌는가?

1) 운용 능력과 오판 가능성의 변화

과거 핵무기의 운용은 **중앙 집중적이며 인간 통제 하에 작동**되었으나, AI 기술의 접목은 이를 **자율화·자동화**시킨다. AI 기반 정밀 타격 시스템, 실시간 표적 탐지, 자동 발사 체계는 **결정 속도를 단축하고, 위기 상황에서 인간 개입을 최소화**시킨다. 이는 **오판에 의한 핵전쟁 위험성**을 이전보다 훨씬 높이는 요인이다.

2) 억지력과 전장의 확장

AI 이전의 억지력은 물리적 대량보복, 즉 '상호확증파괴(MAD)'에 기반했다. 그러나 AI 시대에는 **사이버 공간, 정밀 유도, 정보전, 여론 조작** 등 새로운 전장이 등장하며, 북한이 AI와 핵을 결합한 위협을 활용할 경우, 기존의 억지 개념은 재설정이 불가피하다.

3) 기술 확산 속도와 통제의 한계

과거에는 핵기술이나 미사일 기술의 확산이 일정한 물리적 한계를 가졌지만, AI는 **오픈소스, 클라우드, 디지털 네트워크를 통해 국경 없이 확산**된다. 북한이 AI 기반 군사

기술을 제3국과 공유하거나, 사이버공격 역량을 통해 세계 안보를 위협할 가능성은 과거보다 훨씬 커졌다.

3. 중국의 북핵 전략
: 비핵화 명분과 체제유지 현실 사이

중국은 겉으로는 **'한반도 비핵화'**를 주장하면서도, 실질적으로는 북한의 **핵 보유에 대해 모호한 관용 전략**을 취하고 있다. 이는 중국이 다음과 같은 전략적 고려를 하기 때문이다.

- **북한 체제 붕괴 방지**: 북핵보다 더 우려하는 것은 북한 정권의 붕괴다. 난민 유입, 미군 북상, 친미 통일 한반도 등의 시나리오는 중국 안보에 더 큰 위협이 된다.
- **미국 견제 카드**: 북한의 존재 자체가 미국과 한미일 동맹을 견제하는 전략적 지렛대로 작용한다. 북핵 위협이 존재할수록 사드 배치, 일본 재무장 등도 촉진되지만, 동시에 이는 중국의 군사력 강화 명분이 된다.
- **기술 제재 미온**: AI 시대에도 중국은 북한의 기술 접근에 대한 통제를 적극적으로 하지 않으며, 북중 간 경제·사이버 협력의 통로는 여전히 유지되고 있다.

즉, 중국은 **'북핵 반대'라는 명분과 '북한 체제 유지'라는 실리를 동시에 추구**하는 이중 전략을 구사 중이다.

4. 북핵을 인정하지 않는다는 것의 의미

AI 시대에 북한을 핵국가로 **공식적으로 인정하지 않는 입장**은 다음과 같은 정치적, 전략적, 윤리적 가치를 내포한다.

- **핵확산금지조약(NPT) 체제 수호**: 북한의 핵보유를 인정하는 것은 비확산 질서의 무력화를 의미하며, 후속적인 핵무장 도미노를 불러올 수 있다.
- **AI 기반 핵확산의 판도라 상자 봉쇄**: 북핵 인정은 곧 핵+AI 결합의 국제적 정당화로 이어질 수 있으며, 이는 인류 전체에 재앙적 결과를 초래할 가능성이 있다.
- **정치적 정당성 부여 거부**: 북핵을 인정하는 것은 김정은 체제의 위협 전략이 외교적으로 성공했음을 의미하고, 북한에 경제적 양보나 체제 보장 등 새로운 협상력을 부여할 수 있다.
- **남한 주도 안보 질서 유지**: 북한을 핵국가로 인정하는 것은 대한민국 헌법 3조 및 한반도 비핵화 원칙과 충돌하며, 한반도 분단 고착화 및 통일 비전 약화로 이어질 수 있다.

5. 결론
: 기술의 시대, 핵질서의 문턱에서

AI 시대는 핵무기의 성격과 사용 조건, 억지력의 구조를 모두 바꾸고 있다. 이러한 조건 속에서 북한을 핵국가로 인정하는 것은 단순한 외교적 현실 수용이 아니라, **AI 기반 핵전쟁의 문을 열어주는 규범적 신호**가 된다. 반대로, 이를 인정하지 않는 태도는 단지 북한을 부정하는 것이 아니라, **AI 시대에 핵의 존재가 인간 사회에 어떤 역할을 해서는 안 되는가에 대한 철학적·전략적 선언**이다.

국제사회는 북핵 문제를 더 이상 과거의 틀로 판단해서는 안 되며, **AI 기술이 바꾼 안보 환경을 반영한 새로운 비확산 전략, 위기관리 체계, 동맹 협력이 요구**된다. 북한 문제는 **지정학의 문제를 넘어, 인류 공동의 기술 윤리와 문명 지속성에 관한 문제**가 되고 있다.